消費者新時代

消費者志向研究所代表
池田 康平
Ikeda Yasuhira

風詠社

はじめに

33年間一貫して消費者関連業務を担当してきた松下電器産業株式会社を2008年に退職しました。消費者関連業務を担当した当時は、企業に消費者部門が設置され、消費生活センター等の行政窓口が整備されたころで、企業の消費者部門に寄せられる相談や苦情、行政窓口経由の苦情が増えつつある時代でした。また、消費者運動の活発化にともない、企業や業界団体に要望や申し入れをいただいたことを記憶しています。

こうした環境のもと、企業の消費者部門として、消費者からの相談や苦情への対応、消費者行政窓口への対応や消費者団体との話し合い、そして、消費者トラブルや苦情を未然に予防するための消費者啓発活動に取り組んだことを思い出します。また、消費者の声を企業経営に活かすことをめざし、消費者志向経営の推進にも消費者部門の役割として取り組みました。

62年、ケネディ大統領が「消費者の4つの権利」を特別教書でもって提唱し、日本では、68年に消費者保護基本法が制定され、95年には製造物責任法が施行されるなど、消費者保護行政が推進されました。04年、消費者保護基本法が消費者基本法に改正されて、消費者が「保護」から「自立」する主体に転換され、09年9月には消費者庁・消費者委員会が設置されました。

また、消費生活アドバイザー制度が80年に創設され、企業の消費者関連担当責任者によるACAP（消費者関連専門家会議）も設立されました。04年、苦情対応の国際規格ISO10002が発行され、05年にはJISQ10002（苦情対応の指針）が制定されるなど、2000年代に入り消費者問題・行政は新しい時代に移行した感があります。

09年9月より、消費者関連業務を通しての考えや思いを、消費者問題、消費者部門、消費者安全、苦情対応、情報収集と活用、消費者教育、消費者志向経営などのテーマで、日本消費経済新聞（週刊）に月2回、「消費者新時代」と題するコラムを連載し、第80回を迎えた13年5月に終了しました。コラム「消費者新時代」をお読みいただいた皆様には、消費者問題の捉え方や消費者対応の考え方をお伝えしご理解いただけたのではないかと思っております。

先日、企業の消費者部門の方と話をしたとき、消費者対応についての考え方に少し違和感をいだきました。消費者の権利意識の高まりやデジタル化など、消費者問題を取り巻く環境は変化していますが、不易流行、消費者問題や消費者意識の根底には変わらないものがあると思います。消費者対応において、消費者との積極的なコミュニケーションに加え、「なぜ消費者問題が発生するのか」「なぜ苦情を申し出られるのか」などを正しく理解することが重要だと考えます。

コラム「消費者新時代」は、連載から時が経過していますが、消費者問題から消費者志向経営に至るまで、根底に流れるものは変わらないと思います。消費者志向が求められている現在、消費者問題や消費者対応の根底に流れるものを理解することの必要性を考え、コラムを一冊の「消費者新時代」として出版することにいたしました。消費者問題の理解や消費者対応での信頼構築の一助になれば、これほど嬉しいことはありません。

２０１９年９月
消費者志向研究所　代表　池田康平

◇消費者新時代　目次

はじめに 3

第1章 消費者問題とは …… 12
1. 消費者問題をどう考える 12
2. 消費者運動をどう考える 14
3. 安全そして安心を考える 16
4. 安心できる取引社会とは 18
5. 高齢者問題への対応とは 20
6. 環境問題をどう捉えるか 22
7. ソーシャル・メディアとは 24
8. 世界動向をウォッチする 26

第2章 消費者を理解する …… 28
1. 消費者像をどう考えるか 28
2. 消費者の権利の再認識を 30
3. なぜ苦情を申し出るのか 32
4. 消費者は自立できるのか 34

5. 消費者市民社会を考える 36

第3章 消費者部門の役割 38

1. 消費者部門の使命は何か 38
2. 消費者部門に何が必要か 40
3. こだわりを解決するには 42
4. クレーマー対応は必要か 44
5. なぜマニュアルが必要か 46
6. 企業の啓発活動を考える 48
7. コストセンターではない 50
8. 相談窓口体制を再考する 52

第4章 外部環境を知る 54

1. 消費者庁をどう考えるか 54
2. 国民生活センターを考える 56
3. 消費者行政に何が必要か 58
4. 地方消費者行政を考える 60
5. 司法にも消費者の視点を 62

6. 消費者団体の役割は何か 64
7. 適格消費者団体を考える 66
8. マスコミの役割を考える 68

第5章 消費者安全とは 70

1. 製品安全をどう考えるか 70
2. 子供の安全確保を考える 72
3. 消費者被害の要因は何か 74
4. 原因究明をどう考えるか 76
5. ＰＬ法の意義を理解する 78
6. 製品リコールの制度化を 80
7. 安全情報をどう提供する 82
8. リコールを徹底するには 84

第6章 苦情対応の基本 86

1. 相談と苦情はどう違うか 86
2. 苦情対応の原点を考える 88
3. 相談員に必要な能力とは 90

4. 消費者対応にＲＭ手法を 92
5. 社長宛苦情をどう考える 94
6. 弁護士との関係を考える 96
7. 裁判外紛争解決を考える 98

第7章 消費者志向の醸成 100

1. 消費者視点で考えるとは 100
2. 消費者の目線で行動する 102
3. 社員研修に消費者問題を 104
4. 消費者問題の専門家とは 106
5. 消費生活アドバイザーとは 108
6. 消費者月間の意義は何か 110
7. 消費者月間を契機とする 112

第8章 情報収集と活用 114

1. 消費者の声を活かすとは 114
2. 情報収集をどう考えるか 116
3. 情報のフィードバックとは 118

4. 活用される情報提供とは 120
5. なぜ情報は届かないのか 122
6. 何のために表示するのか 124
7. 情報提供で重要なことは 126
8. 提供情報をチェックする 128

第9章 消費者教育とは 130

1. 消費者教育がなぜ必要か 130
2. 意思決定能力の育成には 132
3. 消費者教育で何を教える 134
4. 消費者教育の課題は何か 136
5. 消費者教育を明確化する 138

第10章 信頼関係の構築 140

1. 信頼関係の構築は可能か 140
2. まずコミュニケーションを 142
3. 双方向にどう取り組むか 144
4. 消費者対応の客観性とは 146

5. ＩＳＯ／ＪＩＳを活用する 148
6. 説明責任をどう捉えるか 150
7. 情報開示・公開を考える 152
8. なぜ自己適合宣言なのか 154

第11章 消費者志向経営 156

1. ＣＳ経営の真意を考える 156
2. ＣＳ調査の意義を考える 158
3. 消費者部門からみるＣＳＲ 160
4. 社会的責任規格を活かす 162
5. 社会的責任の見える化を 164
6. コンプライアンスとは何か 166
7. チェック機能に取り組む 168
8. 消費者志向経営を考える 170

第1章 消費者問題とは

1. 消費者問題をどう考える

最近、「消費者問題とは何か」を考える必要性を感じる。消費者問題に関連する資格の一つに「消費生活アドバイザー」があるが、その資格の取得には「消費者問題」の勉強から始めることになる。消費者問題を正しく理解することが、消費者問題の解決に重要であるからだ。

消費者問題とは、消費者が企業から購入する製品やサービスまたはその取引に関連して受ける肉体的、経済的被害または不利益である。そして、企業と消費者との取引関係が対等でない（格差）によるもので、現代社会のもとでは必然的かつ構造的に発生する問題である。一方、消費者苦情は、消費者が企業から購入する製品やサービスまたは取引への消費者の不平・不満であり、主観的にとらえたもので、苦情すべてが消費者問題ではない。

04年、消費者基本法に改正され、消費者行政が「消費者保護」から「自立の支援」に転換された。しかし、不祥事や安全問題の続発、悪質商法の横行をみると、このままでよいのかと思う。行政、企業、消費者、それぞれの立場で消費者問題への取り組みを考える必要がある。

たとえば、食の安全である。消費者は焼肉専門店だからユッケを食しても大丈夫と考えるのである。

それ故に、企業はもちろん、行政としても規制を含めて安全には厳しく取り組むべきであり、違反しても罰則がなかったのには驚かざるを得ない。安全問題を考えると、消費者行政は消費者の自立の支援だけではすまされないことが多々あると思う。

加えて、消費者の自立が叫ばれるが、果たして消費者は自立できるのであろうか。消費者問題が企業と消費者の格差から発生するとすれば、消費者教育を通して格差の解消に努めたとしても自ずと限界があると考える。まして、消費者教育は遅々として進んでいないのが実態だ。やはり、消費者の自立には限界があることを認識すべきだ。

また、企業における消費者問題への取り組みについて聞くと、やはり消費者苦情が話題になる。企業にとって、苦情が日々直面する課題であるが故にいたしかたないと思う反面、苦情を未然に防止するためにも消費者問題の根本的解決に目を向けるべきだと思う。苦情対応のみに終始せず、格差の認識に基づいた課題解決に取り組むべきで、消費者視点での製品設計や安全確保、消費者目線の公正な取引の推進などが重要である。

いずれにしても、行政として消費者問題を理解して、企業活動を消費者志向にせしめる政策、そして、消費者教育を積極的に取り組むことが不可欠だと思う。企業は消費者視点で製品やサービスの提供に取り組むべきであり、法律に違反していなければよいというものではない。社会的責任を果たし社会に貢献することが使命と考えて実践すべきだ。もちろん、消費者も可能な限り自立に向けて学び行動することが大切である。

（２０１１年5月23日）

2. 消費者運動をどう考える

消費者問題に携わるとき、消費者運動の重要性を認識することが大切だと思う。戦前の消費者運動として生活協同組合運動があげられるが、本格的な消費者運動の始まりは、第２次世界大戦後のモノ不足や不良品に対抗して起こった「米よこせデモ」や「不良マッチ退治主婦大会」の開催である。

その後、ニセ牛缶事件（60年）が表示規制につながり、カラーテレビ不買運動（70年）が価格体系の改定につながるなど、絶え間なく発生する消費者問題そして消費者運動が、消費者行政や企業の消費者対応を牽引してきた。また、消費者基本法をはじめ、製造物責任法や消費者契約法などの消費者関連法規の制定・改正に、消費者運動が大いに関わってきたといっても過言ではない。

ところが、近年とみに消費者運動が見えにくく、消費者行政や企業経営への影響もあまり感じない。消費者運動の課題として消費者団体の高齢化や会員減少があげられるが、これは結果であって課題の要因ではない。主たる要因は、消費者自身にあると思う。すなわち、個人主義に基づく消費者問題への無関心である。消費者市民社会の構築が叫ばれている現在、消費者一人ひとりが「消費者市民」を意識して行動することが必要だと考える。

一方、消費者運動の担い手である消費者団体も、従来型の活動や手法にとどまることなく一歩踏み出すことが必要となっている。中東の民主化運動「アラブの春」にあるように、インターネットが大きな力となり社会を変革させている現実がある。消費者問題においても、新しいコミュニケーションツールの活用が求められていると思う。消費者・行政・企業といった立場を越えて、社会としてインターネットの活用も考えるときではないか。

消費者と対峙した立場にある企業も、消費者運動を敵対視するのではなく、個々の消費者の声を集積したものが消費者運動であると考えて、真摯（しんし）に受け止め適切に対応することが大切だ。企業にとって消費者ニーズは必要であり、消費者運動は消費者ニーズを含む情報をキャッチする術（すべ）の一つである。具体的には、消費者運動を製品やサービスの改善に活かすことだ。

また、行政においても、国民（消費者）の声を聞かずして政策立案はあり得ない。しかし、個々の声を聞くことは困難な側面がある。それ故に、消費者運動を正しく受け止めることは有効だと思う。

いずれにしても、消費者市民社会において望まれているように、消費者は日々の消費生活を真剣に捉え発言し行動すること、消費者市民として社会参加することが大切である。この消費者市民行動が消費者運動であり、行政や企業にとってマイナス要因ではなくプラス要因だと考えるべきだ。消費者運動への対応、すなわち、消費者の声を聞き、政策や企業経営に反映することは社会の健全な発展に不可欠なものである。

（２０１１年10月24日）

3. 安全そして安心を考える

製品事故をはじめとする安全問題が今なお発生している。このことが消費者庁発足の主な要因になったといわれている。以前から「安全」と「安心」という言葉がセットで使われることが多いが、安全と安心は性質を全く異にするものである。安全や安心の確保を期せば期すほど、それぞれの意味するところを明確にすることが重要だと考える。

まず、安全とは何か。安全は科学的見地から判断すべき問題であり、安全でない状態は不安全、危険である。安全の確保には危険の要素を排除することが必要となるが、危険の要素を排除した状態が安全かというと、安全とはいい切れない。すなわち中間的領域・わからない領域が存在する。また、製品やサービスは、消費者が使用することにより機能や効用を発揮するもので、安全問題は使用者が大いに関係する。製品事故には、製品に起因する事故、使用者（消費者）に起因する事故そして複合して起こる事故が混在する。製品は安全であることが基本であるが、使用者が関与している誤使用そして使用環境や経年劣化という問題が存在し、絶対安全がないのも現実である。

では、安心とは何か。文字通り「心」の問題であり、消費者が心を許して製品を使用しサービスを享受できることが、安心できる環境である。従って、安心には安全が重要な要素であるが、絶対安全がない以上、安心できるという状況は安全面だけでは担保できない。安心は消費生活に不可欠なものであり、また、安心は「心」の問題であるがゆえに確保できるものであると思う。

現代は疑心暗鬼の社会ともいわれ、種々の社会問題が起きてきた。今こそ、安心して消費生活できる社会の構築が最重要テーマである。企業が社会的責任を果たし、消費者から信頼されることが、安心できる社会の構築につながると思う。そのために、企業が安全な製品やサービスを提供することは重要なことであり、徹底して研究・推進することが責務といえる。しかし、絶対安全があり得ないとすれば、安心できる社会の構築への取り組み、すなわち、消費者との信頼関係の構築が重要となってくる。具体的には、幅広いコンプライアンス経営の実践であり、消費者目線のモノづくり・経営活動であり、積極的な情報開示である。

安心は信頼関係に裏打ちされてこそ現実になる。不祥事をはじめとする事件・事故が企業を信頼できない存在にしてきた昨今、信頼の回復にはコンプライアンスだけでは困難であり、消費者とのコミュニケーションが重要である。安全問題において最も大切なことは、真実を素直に伝えること、つまり情報開示である。消費者はその情報を理解し、消費者の権利を行使すること、正しく選択・使用することが健全な消費生活の入口である。企業を評価するのは消費者であり、消費者部門の活動が期待されていると思う。

（２００９年11月16日）

4. 安心できる取引社会とは

貴金属や着物などの強引な訪問買い取りを規制すべく特定商取引法改正案が国会に提出されると聞く。訪問販売など6取引の規制に「訪問購入」を追加するものだ。内容は、指定商品制をとり、事業者名・勧誘目的などの明示義務、勧誘を受ける意思の確認・再勧誘の禁止、不実告知の禁止などに加え、期間（8日間）中商品の引き渡しを拒否できるクーリング・オフ、違反事業者への指示命令だ。

訪問買い取りによる消費者被害が急増している現在、改正の効果が期待されるところだが、クーリング・オフも含めて実効性が疑問視されている。また、指定商品制は論外との意見もある。たとえ、訪問買い取り業者が事業者名・勧誘目的などを明示して訪問したとしても、社会との関わりが少ない高齢者など判断力の不足しがちな消費者が的確に判断して対応できるであろうか。消費者の自己責任で片付けることが社会正義とは思えない。

消費者問題で大切なことは、被害の未然防止であり、社会からリスクを取り除くことだ。訪問買い取りは社会に必要な取引形態だろうか。高齢者をはじめとする消費者の平穏な私生活を守る視点からも、訪問買い取りを排除すべきで、訪問買い取りには、消費者が要請しない勧誘を禁止する「不招請勧誘の禁止」の導入が妥当だと考える。消費者が買い取ってほしいと思えば、買い取り業者に申し出ればよいだけで、買い取り業者は買い取る旨をＰＲすればよい。

一方、消費者も自立することが重要である。たとえ、訪問買い取りの場面に遭遇しても、断るべきときは断る姿勢が大切だ。そのためには、消費者一人ひとりが社会との関わりを深めて自立することが望まれるが、行政として、訪問買い取りによる被害の現状などを消費者に知らしめるとともに、消費生活センターなどの相談窓口に関する情報を広く提供（啓発）することが大切である。

次に考えるべきことは、社会としてのサポートである。過去の消費者被害からも推察できるように、消費者自身の問題解決力が不足しているのが実態だ。社会との関わりが少ない高齢者や消費者に対し、消費者行政として、関係法令の適用による消費者問題の解決方法について情報提供するとともに、具体的な被害について解決を支援し救済することも重要だ。被害救済は消費者被害の未然防止にもつながると思う。

消費者の自立が求められるが、社会として、自由経済システムを尊重しつつ消費者保護も忘れてはならない。消費生活の基本は「安全・安心」であり、消費者行政は、リスクから消費者を守るために、消費者視点からの関係法令の整備をはじめとする安心できる取引社会の構築に取り組むべきだ。そして、事業者には少なくとも消費者視点の取引ルールの順守が不可欠であり、消費者には自立と自己責任を意識した行動が望まれる。

（２０１２年３月５日）

5. 高齢者問題への対応とは

先日、国民生活センターから発行された「消費生活年報２０１１」によると、10年度の消費生活相談の総件数は減少傾向にあるが、高齢者の相談の割合が増加している。60歳以上では株や公社債などの投資商品に関する相談が多く、70歳以上では健康食品・家庭用電気治療器具などの健康にまつわる商品に関する相談が多いという特徴があげられている。販売購入形態別分析では、訪問販売に関する相談が70歳以上に圧倒的に多く、当事者以外からの相談が3割を占めていた。

また、分野別トピックスを高齢者の関係でみると、安全分野では、高齢者に目立つ薬の包装シートの誤飲事故がある。薬の錠剤と一緒にプラスチックにアルミなどを貼り付けたＰＴＰ包装シートを誤飲してしまう事故だ。薬を服用する機会の多い高齢者に多く、携帯時などのためにハサミで一錠分を切り離し誤飲しやすいサイズにしてしまうといった消費者サイドに起因する問題である。しかし、重篤（じゅうとく）な事故を予防するには、注意喚起に止まらず、誤飲しにくい構造や飲み込んでも身体への負担のない包装にすべきである。

取引分野では、短歌・俳句の新聞掲載への電話勧誘がある。短歌や俳句の新聞（雑誌）掲載の電話勧誘に、無料と思い承諾した高齢者に対して高額な掲載料を請求するという悪質な手口だ。善意の消費者である高齢者を騙（だま）すというもので、消費者への注意喚起やトラブル時の相談の啓発も大切であるが、悪質な商法には、社会として厳しく対応すべきだ。たとえば、契約の取消権の拡大である。騙しても最終的には悪質業者が損をするようにしなければならないと考える。

いずれにしても、消費者問題の解決に、高齢者問題も大きく関係してくると思う。高齢者とは一般的に65歳以上と定義されるが、その特徴として、視聴覚をはじめとする身体機能の低下、判断力などの精神機能の問題、社会との関係の減少、そして、認知症といわれる医学的問題をあげることができる。しかし、これら加齢による身体・精神機能の変化には個人差が非常に大きい。

それ故に、高齢者問題を解決するには、フェイルセーフに加えてユニバーサルデザインと社会正義の徹底が重要である。高齢者にやさしい設計や社会正義は、すべての人にもやさしいということを理解すべきであり、「高齢者向け」ではなくて「高齢者にも」という考え方を製品やサービスに取り入れるべきだ。

いまや自己責任を求める社会である。消費者そして高齢者も、自己責任を認識し生涯学習に取り組み、自立できるようにすべきであり、また、社会も介護・支援問題の推進を忘れてはならない。しかし、安全問題や契約とりわけ悪質商法に対して、高齢者を含めて消費者に過度な自己責任を要求すべきではない。社会として「安全・安心」をキーワードとした社会の構築に取り組むべきである。

（２０１１年11月７日）

6. 環境問題をどう捉えるか

福島第一原発事故を発端に各地の原発が停止し、電力供給問題は大きな岐路にある。電気予報などで電力使用者に節電を訴えるだけで解決できるものではない。エネルギー・環境問題は、人類の持続可能性にとって最も重要なテーマであり、社会として解決しなければならないと思う。

たとえば、節電で考えてみる。節電というスローガンだけでは、節電を実践する消費者には限りがあり、持続性にも疑問が残る。やはり社会システムとしての取り組みが不可欠であり、その社会システムには効用（損得）という側面が必要である。一定の使用電力量を超えると、電力料金が所得税のように累進するしくみも一つの方法だ。

一方、政府の事業仕分けで廃止となった省エネに効果がある製品や取り組みを表彰する「省エネ大賞」が復活された。企業からは目標が明確になり取り組みやすくなる、消費者からは製品を選ぶ参考にできるなどの意見を聞いてのことだ。環境問題への取り組みには具体性が必要なのである。

先日、グリーン購入ネットワーク（ＧＰＮ）の話を聞く機会があった。グリーン購入とは、購入の必要性を十分考慮し、品質や価格だけでなく、環境負荷ができるだけ小さい製品やサービスを、環境負荷の低減に努める事業者から購入することである。ＧＰＮは96年に設立された、企業・行政・民間団体などによるセクター横断組織で、05年には国際グリーン購入ネットワークも設立されている。グリーン購入に必要な情報の収集・提供、ガイドラインづくり、意識啓発などに取り組まれている。

いずれにしても、環境問題への取り組みは、効用がなければ、社会に浸透も定着もしないと思うと同時に、見える化、そして法令も含めた社会システムの構築が必要だと考える。

また、ＩＳＯ２６０００「社会的責任に関する手引」にある「社会的責任の中核主題」の一つに環境問題がある。「汚染の予防」「持続可能な資源の利用」「気候変動の緩和及び気候変動への対応」などの課題を提起し、組織に対して持続可能な発展への貢献を求めている。環境問題は、持続可能な社会の構築にも重要であることがわかる。

ただ、忘れてはならないのが「消費者」である。持続可能な社会の構築には、消費者も重要なファクターであり、とりわけ環境問題においては社会的責任を負う立場にある。しかしながら、消費者は自らの社会的責任に対する認識が不十分であるとしか思えない。

消費者は、人類として自然・地球環境の中でしか存在し得ない。それ故に、地球環境が良好な状態でなければ、健全な消費生活を享受し得ないのである。消費者問題は、環境問題をベースとし消費者と企業という構図の中で起こる問題であるが、消費者・企業・行政などが連携して、環境を意識し持続可能な社会の構築に取り組むことが急務である。

（２０１２年３月１９日）

7. ソーシャル・メディアとは

ジャスミン革命に端を発した「アラブの春」では、ソーシャル・メディアの存在が大きいといわれ、東日本大震災では、安否情報の確認などでソーシャル・メディアが役立ったといわれている。そして、フェイスブックやツイッターなど、会員制交流サイト「ソーシャル・ネットワーキング・サービス（ＳＮＳ）」の利用者が増加している。

㈳消費者関連専門家会議（ＡＣＡＰ）が昨年11月に発表した「ソーシャル・メディアの活用状況に関する調査」によると、ソーシャル・メディアの認知度は高いものの、活用度は高いとはいえず、お客様相談部門ではブログ18％、それ以外の部門はツイッター32％が最も高い活用で、その目的は「お客様の声」の収集であった。ソーシャル・メディアの活用をためらう理由に、情報の信頼性やリスクへの懸念があげられ、活用のガイドラインなどの必要性も指摘されていた。

一方、ソーシャル・メディアがビジネスに関わりがあるのかを議論している段階ではなく、重要なコメントを見つけ出し、ビジネスの意思決定に反映させる枠組みが必要だとの見解もある。すでに企業のホームページの多くがツイート（つぶやき）できるようになっている。ソーシャル・メディアがマーケティング手段として捉えられているのだ。

ソーシャル・メディアとは、オンライン上でユーザー同士が情報を交換することにより成り立っているメディアで、画像・動画を含む視覚ツールを使った双方向のコミュニケーションが可能である。

企業の立場からすると、消費者の声を知るツールであると同時に、消費者・社会との信頼関係の構築にもつながるものだ。

消費者の声には2種類ある。一つは、消費者部門で扱う相談や苦情だ。これらは消費者から企業への働きかけで、企業からの回答が期待されており、企業としての対応（回答）が不可欠である。もう一つの声は、メディア内で飛び交っている声で、企業への働きかけがないと考えられる情報である。企業としては消費者の意識・行動に関する情報と捉えて活用すればよい。

そして、消費者の声を分析できる能力が大切だ。ソーシャル・メディアにおける情報は、個人的・主観的なものであり感情的な側面も少なくない。たとえば、製品不具合の声の場合、品質問題なのか、誹謗中傷の類なのかを識別することが大切だ。情報の信憑性も含め、消費者の声が何を求めているのかを判断する力が重要であり、活用のガイドライン策定も不可欠である。

ソーシャル・メディアと距離をおくことは、時代から取り残されることになると思う。グローバル社会においては、多様なソーシャル・メディアを識別して、消費者の声（情報）の本質を見極め活用することが大切だ。そのためには、企業として「メディア・情報の取り扱いに関するポリシー」を明確にすることも重要である。

（2012年4月2日）

8. 世界動向をウォッチする

去る5月に香港で開催されたCI（国際消費者機構）第19回世界大会の模様を聞く機会があった。今回の世界大会は、「明日の消費者をエンパワーする」をテーマとして、持続可能な消費・グリーンエコノミー、金融サービス、新たなデジタル世界における消費者の権利について、60ヵ国以上から700名以上が参加して全体会や分科会で話し合われた。

この世界大会に日本から5名が参加されたが、国内企業の消費者部門、行政や消費者団体・専門家といわれる方々の世界大会への関心が高いとは感じない。国内における関心事は、福島原発事故問題は別として、企業では苦情対応であり、消費者相談の現場では悪質商法をはじめとする取引問題であるといっても過言ではない。

しかし、消費者問題の歴史を振り返ってみると、欠陥自動車問題やカラーテレビ不買運動など、アメリカにおける告発型運動が日本において消費者運動としてクローズアップされたり、70年にはアメリカと日本国内のカラーテレビの価格差が問題視されて価格体系の改定に至るなど、海外と日本が関連した消費者問題が少なからずある。

また、製造物責任法が海外事情を研究しつつ制定されるに至ったことも記憶に新しいところである。直近では、こんにゃくゼリーによる窒息死亡事故対応で、海外各国では製品安全の視点から製造・販売禁止などの規制が実施されたにもかかわらず、日本国内では行政の対応に不十分さを残したままという感がある。

ＣＩは、昨年50周年を迎え、金融サービス問題でのグローバル・キャンペーンに代表されるキャンペーン重視型の組織・活動をめざしている。活動の領域・テーマは、金融サービス、気候変動、社会的責任、持続可能な発展、エネルギーなどであり、とりわけ、発展途上国における消費者運動に多大な影響を与えているといわれている。現代社会は国境という垣根が取り外されつつあることを認識すべきだ。

ＣＩ世界大会の分科会において「社会的責任」が取り上げられていたが、昨年11月に発行したＩＳＯ２６０００「社会的責任に関する手引」に対応して、ＪＩＳ化本委員会を新たに設置し、11年度内のＪＩＳ公示をめざし作業を開始されたと聞く。また、すでにＪＩＳ化された苦情対応マネジメントシステム規格をはじめとする消費者保護関連３規格もＩＳＯに準拠して制定されており、グローバル化の産物といえる。

にもかかわらず、企業の消費者部門をはじめ消費者問題に携わる専門家の多くが、世界動向に関心があるように見えないのが実態であり、由々しきことだと思う。政治はもちろん経済や企業経営においても、国際化・グローバル化が進んでいる。言語の問題も少なからず存在するが、消費者問題もグローバル化しているとの認識のもと、ＣＩやＩＳＯなどを含めた世界動向をウォッチして行動することが望まれる。

（２０１１年10月10日）

第2章

消費者を理解する

1．消費者像をどう考えるか

企業の消費者部門担当者と話をすると、すぐ消費者相談や苦情対応そしてクレーマーの話になる。クレーマーでなくても消費者はどうも、ということになる。不思議なことだと思う。企業の多くは消費者に対し製品やサービスを提供しているにもかかわらず、消費者をさけている感がある。消費者からの相談や苦情の対応を中心とした消費者対応が消費者部門の役割にもかかわらずである。

消費者対応を考えるとき、消費者像をしっかり把握することが大切だ。消費者像について聞くと、消費者は多種多様であるとか、十人十色という答が返ってくる。確かに、個々の相談をみると、相談内容も多種多様で、要求や期待も多様であり、相談者の感情も個性もいろいろだ。しかし、ここでとどまってしまうと、消費者対応を向上させることはできない。消費者像を整理し理解する必要がある。

消費者像を考える前に、消費者問題がなぜ発生したのかを検証する必要がある。消費者問題は現代の経済社会においては必然的・構造的に発生するといわれ、消費者と企業の関係が対等でないことに起因している。具体的には、情報の非対称性、技術操作力、負担の転嫁能力、組織力と市場支配力の格差だ。消費者問題はクレーマー問題や悪質商法に限らない。

相談と苦情について以前に取り上げたが、相談と苦情のベースは同じで、違いは感情・気持ちである。従って、相談者と苦情申出者を区別することは不要であり、苦情申出者を不当要求型とか自己顕示型などに分類して、その対応に関する議論をよく耳にするが、意味のないことだ。ただし、相談者や苦情申出者の心理を分析しておくことは大切である。少なくとも、自分は正しい、正しいから要求している、理解されるはずだ、社会正義にかなっている、役に立ち感謝されるはずだ、という心理である。それ故に、消費者対応で傾聴が重要視されている。

消費者に共通していることは、「自分は正しい」と思い行動されている。自分を基点にした行動であり、「自分本位」だといえる。これは人間の本質である。かたや、平成20年（08年）版国民生活白書には、「消費者市民社会への転換」がうたわれ、社会の発展と改善に積極的に参加する消費者市民が目指されている。これからも企業に対する相談・苦情が増加すると予測されるが、その行動の基本は変わらないと考える。

消費者の行動が、自分が正しいと考える「自分本位」だとわかれば、クレーマーといわれる人の場合でも先入観をもたずに、申し出をよく聴き要求されていることを把握し、社会常識から外れておれば断るだけである。すべての消費者に素直に接して傾聴すれば、申出内容を正しく理解することができ、正しい判断そして対応ができる。「自分は正しい」と信じて行動されている消費者が存在するのだから。

（２０１０年５月３日）

2. 消費者の権利の再認識を

5月は「消費者月間」である。消費者保護基本法（04年改正・消費者基本法）制定20年を記念して88年に国が定めたもので、消費者、事業者、行政が一体となって消費者問題の解決に取り組むことを趣旨とされている。国・消費者庁は、今年の消費者月間のテーマを「安全・安心　いま新たなステージへ」としているが、その原点は「消費者の権利」にあると思う。

62年にアメリカのケネディ大統領が消費者保護特別教書において、安全を求める権利、知らされる権利、選ぶ権利、意見を聞いてもらう権利の4つの権利があるとしてから、今年でちょうど50年になる。75年にフォード大統領が消費者教育を受ける権利を追加し、その後、CI（国際消費者機構）が消費者の8つの権利と5つの責任を提唱している。

日本において、消費者の権利に法的根拠が与えられたのは、消費者保護基本法が改正された04年である。消費者基本法第2条の基本理念において、ケネディ大統領の4つの権利をはじめとする8つの権利が明示されている。ところが、消費者の安全・安心を脅かす事件や事故が後を絶たない現実がある。今こそ、消費者の権利を具体的に確認することが大切だ。

たとえば、消費生活において最も重要な「安全」すなわち「安全を求める権利」について考える。事業者の立場からは、消費者に提供する製品が消費者視点の安全を確保しているかである。消費者は不注意な側面もあれば間違いもする。それ故、消費者にとっての安全確保は事業者責任であるという考えのもと、製品設計・製造・販売することが求められる。加えて、安全確保に必要な情報を消費者に提供する義務についても忘れてはならない。

一方、消費者も「安全」は座して待つものでないことを認識し、自らの安全確保には学び行動することが必要である。すなわち「選ぶ権利」の行使だ。消費者に提供されている情報を活用して選択することであり、また、被害が生じた場合には救済される権利を行使することである。選ぶ権利の行使は取引分野においても同様だ。

また、行政には「消費者の権利」を保障する大きな責務がある。たとえば、規制緩和の中での消費者目線の事業者規制による安全確保であり、消費者教育を受ける権利の担保などである。消費者教育推進法の制定に取り組まれているが、遅きに失する感がある。学校教育を基本とした体系だった消費者教育の環境を整備し推進することが喫緊の課題である。

以上、消費者の権利の一部について例示したが、消費者の権利50年を機に、消費者問題の原点に立ち戻り、それぞれの立場で「消費者の権利」を尊重しているかを自問し、自らの行動を改善することが重要だ。このことが、一昨年に発行した社会的責任の国際規格ＩＳＯ２６０００がめざす「持続可能な発展への貢献」につながると思う。

（２０１２年5月21日）

3. なぜ苦情を申し出るのか

消費者からの苦情やクレーマーに苦労していると耳にすることがよくある。苦情件数は業種や企業の規模そして苦情の定義づけなどにより異なるが、苦情の本質は企業への働きかけである。では、消費者はなぜ苦情として申し出るのか。それは消費者の企業に対する強い感情・気持ちに起因していると思う。

苦情は、製品やサービスそして企業に対する不満であり、立腹状態での行為である。消費者は製品やサービスに対して一定の期待を抱いており、その期待が不具合や被害により期待外れになったとき苦情を申し出るという行動をとる。その目的は、自らの被害の救済や解決であり、再発防止への要望等である。最近では、未然防止の視点から苦情を申し出ることが社会的に要請されているという側面もある。

製品やサービスにおいて何かトラブルが発生したとき、消費者は相手である企業に伝えて解決しようと考えて行動する。消費者は苦情を消費者窓口に申し出ることにより、少なからず不満という感情が収まる場合がある。これは相手に理解されたという一種の安堵（あんど）感で、申出内容を受け止めてもらえたときである。反対に、さほど立腹していなかったにもかかわらず、対応の悪さでエスカレートする場合がある。消費者窓口等の消費者部門が重要だといわれる所以（ゆえん）である。しかしながら、消費者との接点である消費者窓口への苦情もみられる。

ここで、クレーマーについて触れておく。苦情を申し出ることにより有形無形の利益を得られると考える消費者のことであるが、苦情内容を分析すると、企業サイドにも何らかの問題があることが多い。しかし、多くの人が気にしないささいな問題であるのも事実である。クレーマーは何としても自分にとってプラスの結果を獲得しようとするところが特徴である。金品だったり自己顕示だったりするが、金品要求を前面には出さない。また、クレーマーに似た存在として反社会的勢力がある。この場合は、ある段階で警察等の関係機関の支援を要請することが大切である。いずれにしても、「何が正しいか」を考えて是々非々で対応することが重要である。消費者対応は「正しい対応」が基本である。ただ、通常の苦情申出者をクレーマー扱いにする傾向が残念ながら企業側に存在するのも事実である。

近年、苦情をいうことが当然という考え方が定着してきたと思う。企業に意見を申し出ることが使命であるとの考えからの行動で、企業は苦情を素直に聞き理解し対応することが重要である。消費者は、たとえ要求通りに対応されなくても申出内容が理解されると少なからず満足されるが、一方、理解はおろか無視されると、より一層立腹される。苦情の申し出は消費者の素直な気持ちであり、社会的視点からも苦情を申し出ることが消費者の役割という感覚が強まっていると認識すべきである。

（２００９年11月30日）

4. 消費者は自立できるのか

04年、消費者基本法に改正され、消費者行政が消費者保護から自立支援に転換された。08年版国民生活白書では「消費者市民社会への展望―ゆとりと成熟した社会構築に向けて―」と題して、消費者市民社会への転換が示された。個々の消費者が自らの判断で行動し責任をとることに加えて、消費者市民として社会の健全化に参加することが求められているのだ。

しかし、社会的弱者被害をはじめとする取引トラブルや安全問題など消費者問題が減少していないのが実態だ。グローバル化・ＩＴ化が進展し規制緩和が推進されている社会で、消費者は本当に自立することができるのかが甚だ疑問だ。また、個々の消費者は自分本位であるという側面と市民意識が不足していることも忘れてはならない。

消費者の自立には、消費者の「自立する」という意志（自立心）と、「意思決定能力」（判断力）、判断するための「情報」が必要である。自立心と意思決定能力は一朝一夕に持ち得るものではなく、人格形成期である学齢期に育むことが大切で、学校における消費者教育が重要である所以だ。体系的かつ具体的な消費者教育が望まれるが、消費者教育推進法が制定された今も見えてこない。

次に、自立に必要な「情報」であるが、消費生活における情報は時代とともに変化するものである。製品・サービスを提供する企業そして行政には、自立支援策として消費者目線をもって情報提供に取り組むことが望まれる。しかし、意思決定能力・情報への取り組みだけで問題解決が難しいことは、消費者問題の歴史からも明らかだ。消費者保護すなわち「能動的な自立支援」が重要だと考える。たとえば、高齢者被害に代表される詐欺的な取引問題である。消費者行政として、公正な取引を妨げる行為は積極的に規制すべきであり、詐欺的行為などには不当利得返還義務や罰則の徹底などを図るべきだ。また、安全問題においても、行政は再発防止にとどまらず被害救済にも支援することを考える必要があると思う。

一方、消費者が自分本位であっても仕方がないと思うが、消費者運動が消費者問題の解決につながったことも考えると、消費者団体にコンタクトすると「得する」という活動が消費者団体に求められる。たとえば、消費生活や消費者問題に関する情報を地域活動やインターネットなどを活用して提供する取り組み、被害救済を支援する活動などが考えられる。

いずれにしても、消費者自らの自立する意志と努力が不可欠ではあるが、行政として、後追い的な規制や情報提供にとどまらず、健全な社会の構築に向けた「能動的な自立支援」に取り組むべきだ。企業も「安全・安心」をキーワードとした製品・サービスの提供、消費者目線に立った情報提供に徹することであり、双方向のコミュニケーション感覚が大切である。

（2013年3月15日）

5. 消費者市民社会を考える

最近よく耳にする言葉に「消費者市民社会」がある。消費者市民社会とは、欧米とりわけ北欧で定着してきた「コンシューマー・シチズンシップ」という概念で、日本では08年6月、福田内閣において閣議決定された「消費者行政推進基本計画」に使われ、平成20年（08年）版国民生活白書に、「消費者市民社会への展望」として大きく取り上げられた。

また、昨年開かれた日本弁護士連合会第52回人権擁護大会シンポジウム第3分科会のテーマ「安全で公正な社会を消費者の力で実現しよう～消費者市民社会の確立をめざして～」にも使われるなど、この言葉は消費者問題のキーワードとなりつつある。

消費者行政推進基本計画では、「消費者市民社会とは、個人が、消費者としての役割において、社会倫理問題、多様性、世界情勢、将来世代の状況等を考慮することによって、社会の発展と改善に積極的に参加する社会を意味しており、生活者や消費者が主役となる社会そのものと考えられる」と記されている。また、国民生活白書では、消費者・生活者には経済主体、社会変革の主体、社会の主体としての役割があり、経済、社会、こころのバランスが重要とある。

消費者保護から自立の支援に転換された消費者行政において、昨年9月に消費者庁・消費者委員会が設置され、消費者目線を徹底し消費者重視の施策が推進されている。このように大きく変革する時代に、消費者市民社会が叫ばれるのは大きな意味があると思う。

まず、行政には、消費者市民社会の構築に向けて法的措置をはじめとする環境整備が重要になると同時に、消費者の自立を前提とする社会においては消費者教育の推進が求められる。

一方、今なお消費者被害が後を絶たない現実があり、消費者には経済主体としての厳しい消費行動が必要となる。企業からの情報を活用して適切に選択し、安全問題では正しく判断・行動することが求められる。正しい選択が製品やサービスに与える影響は大きく、市場の健全化に貢献する。不祥事や安全問題の解決につながるのである。

消費者は社会の健全化に向けて積極的に発言することも重要だ。すなわち、消費者市民としての行動であり、環境問題も社会的視点で考える内容なのだ。しかし、一人の消費者としては限界があり、直接的・間接的に消費者団体との関わりが大切になってくる。消費者団体の役割の重要性がますます高まっている。

また、「企業市民」という言葉もある。企業も社会を構成する市民であり、社会の公器として社会に役立つ事業活動が求められていることを認識して消費者問題に対応する必要がある。

消費者市民社会は、消費者・生活者が社会の発展と改善に積極的に参加することをいう。そのためには、消費者・企業・行政そして教育関係者が消費者教育の重要性に目覚めて、具体的に行動することが重要といえる。

（２０１０年2月22日）

第3章 消費者部門の役割

1. 消費者部門の使命は何か

多くの企業が消費者部門を設置しているが、その使命・役割はまちまちである。消費者からの相談や苦情への対応のみの企業もある。その企業に聞くと、トップから相談・苦情対応以外に何も指示されていない、またそれで精一杯だという。これでいいのだろうかと危惧する。

消費者窓口がまだ目新しかった75年に消費者部門に異動し、消費者部門の使命は何だろうと試行錯誤したのを思い出す。結論として、①消費者行政・団体との折衝、②相談や苦情の受付・対応、③消費者啓発活動、④消費者情報のフィードバックの4業務が消費者関連業務であり、如何に実践するかが課題であった。

しかし、この4業務は消費者部門の実務であって、最も重要な使命は消費者志向経営の推進である。消費者部門責任者の多くは経営者の立場にいないが、消費者部門の一人ひとりが経営者意識をもって「消費者志向」風土の構築に取り組むなどの経営参画が重要だと思う。具体的には、トップマネジメントへの定期的な直接レポーティングや消費者代表とのミーティング設営等が挙げられるが、間接的な活動では真の目的を達し得ないと思う。その他、全社責任者を対象とした消費者の声を聞くシンポジウムの開催、全社員向け消費者志向教育システム構築・実践などの方法がある。不祥事の多くは消費者部門の働きの弱さにあると考えるべきである。

そして、消費者関連４業務である。躊躇（ちゅうちょ）される業務が、消費者行政・団体との折衝であり、消費者行政・団体の動向把握や苦情の仲介役となる消費生活センター等の対応・連携業務である。信頼関係の構築が重要であり、行政や団体との率直な意見交換から始めるべきである。消費者関連情報の多くを行政や消費者団体から入手できるのが現実である。

相談や苦情は、向こう（消費者）から来るから何もしなくていいというものではない。相談窓口の開設や整備、相談対応のシステム構築、相談員育成などいろいろやるべきことがある。個々の相談対応が消費者満足につながり信頼につながるのである。

忘れられる業務に消費者啓発活動がある。製品やサービスに関する情報提供（広告宣伝を除く）で、外部から要求されるものでなくコストもかかるが、消費者トラブルの未然防止に欠かせない活動である。消費者に情報を提供する啓発活動にとどまらず、ＣＳＲの視点から消費者教育まで期待されている。

最後に、消費者情報のフィードバックである。消費者情報を製品・サービス、企業経営に活かすことであり、現在はＶＯＣ活動といわれる。ＶＯＣ活動に消費者部門のメンバーが直接係わることが重要だと考える。

消費者志向経営の推進役として経営に参画し、実践部門として消費者関連４業務に取り組むことが、不祥事や消費者トラブル等を未然に防止することになり、社会との信頼構築につながると確信する。

（２００９年10月５日）

2. 消費者部門に何が必要か

昨今、コミュニケーションが消費者問題においてクローズアップされ、消費者部門の役割がより一層重要になっていると思う。多くの企業が消費者に対して製品やサービスを提供しており、これが経済社会システムで現代社会を形成している。その潤滑油的役割をしているのが情報である。

情報は単に提供されるだけでは意味がない。製品やサービスが消費者に正しく提供され、活用されることが大切である。従って、企業から発信された情報が消費者に認識され、正しく理解され、そして、判断に活用されてこそ意味がある。発信された情報が「認識されるか」「理解されるか」「行動につながる情報であるか」が重要だ。

では、消費者はどのようなときに情報の存在を認識するのか。たとえば、デジタル・ディバイドの問題がある。企業が情報発信をホームページで行うというケースがますます増加しているが、消費者が日常行動の中でその情報に接し得るかが甚だ疑問である。掲載方法や他のメディアとの併用などの工夫が必要だ。

次に、その情報が理解され得るものであるか。具体的には、消費者団体などから使用方法における禁止事項に「なぜしてはならない」のかが記載されていないとの指摘である。禁止の理由が明確であれば、消費者は素直に行動するとのこと。もちろん、その行動が消費者の利益につながることが前提だ。以前も述べたが、「自分本位」なのが消費者だと思う。

消費者部門は、消費者の気持ち・行動原理を理解したうえで、消費者の意思を的確にキャッチして、企業活動や情報発信に活かしていくことが重要である。

日本人の特徴を表わすことわざに「論語」からきた「一を聞いて十を知る」があるが、情報の受け手側としての消費者部門にとって大切なことだと考える。もちろん、先入観での判断は排除すべきだ。消費者は「自分本位」であるが、それが人間だと考えて消費者の声（相談や苦情）の真意を受け止めるべきだ。

消費者部門は情報を発信する役割もある。消費者にその情報が聞こえていない（機会）、そして、消費者が聞いていない（意志）ことが多く、極端にいうと受信するときの逆で「十を発信して一が受信される」と心すべきだと思う。消費者は自ら必要とする情報を検索するときは別として、リコール情報をはじめ消費者啓発などの情報は、消費者にとって不意打ち情報であり、ほとんど関心を持っていなかった情報である。消費者への情報発信は、新聞広告やＣＭを含めた活用（メディアミックス）や関心度を高める工夫が必要だ。

消費者部門は、情報とは何かを知り、そして、情報を介して対極にいる消費者を絶えず意識し消費者本位の情報提供に徹する必要がある。また、社内全体に広めていくことも重要な役割だ。これには「感性」が必要であり、日々消費者問題に接して学ぶことが望まれる。

（2010年10月18日）

3. こだわりを解決するには

裁判外紛争解決手続（ＡＤＲ）の和解あっせん人として損害賠償案件に関わった。和解あっせんの結果、和解が成立したが、和解あっせん案に申立人の「こだわり」を解消する要素を加味することにより和解につながったと思う。こだわりとは、心が何かにとらわれて自由に考えることができなくなる、普通は軽視されがちなことにまで好みを主張する、とある。

消費者保護関連三規格の一つに、ＩＳＯ／ＪＩＳＱ１０００３「品質マネジメント―顧客満足―組織の外部における紛争解決のための指針」がある。「この規格は、組織が、製品の関連する苦情に対する効果的かつ効率的な外部における紛争解決プロセスを、計画、設計、構築、運用、維持及び改善するための手引を示す」とあり、ＡＤＲが苦情を救済する道を提供するとある。

以前も述べたが、相談も苦情も、消費者からの企業に対する働きかけで、申出者が抱いている感情・気持ちの違いで苦情と分類される。当事者間での解決が困難な苦情には、その根底に申出者のこだわりが大きなウェイトを占めるケースが少なくない。こだわりの解消には、第三者による一定の理解に基づく冷静な解決案が有効であり、前出の損害賠償案件もその一つであったと思う。

苦情の解決で最もよいのは、当事者間での解決である。それ故に、企業として、苦情申出者の感情・気持ちの部分を理解することが重要であり、具体的には、苦情内容を真摯に受け止めて客観的に判断し、正しく対応することが大切だ。ただ、苦情申出者から信頼されていなければ、客観性も信用されず、また、こだわりの解決への対応が困難であるのも事実だ。

一方、消費者（苦情申出者）も、権利の主張は大切なことであるが、損害賠償も含めた苦情解決を冷静に要求すべきだと思う。我の主張やこだわりから脱却することが望まれるが、感情に左右され、こだわりをもたれるのも実態だ。消費者市民として、苦情を冷静に主張して解決を要求することが期待される。

ただ、こだわりは人として不可避な側面もある。それ故に、和解あっせんなどの第三者が介入する場面が必要となってくる。ただ、裁判での苦情解決は、法的判断・客観性がメインとなり、消費者感覚や当事者の気持ち・こだわりまでが反映されるとは考えにくい。ＡＤＲの和解あっせんは当事者双方の合意を必要とするが、申立人（苦情申出者）のこだわりまで行き届く可能性がある。

いずれにしても、企業は、苦情申出者の気持ちを尊重し客観性を担保した解決案を提示することが基本であり、こだわりの解決にまで取り組むことが重要だ。そして、こだわりの解決のためにも、企業への不信感を払拭することが必要であり、ＪＩＳＱ１０００３を活用しＡＤＲへの道を消費者に伝え、企業の透明性を示すのも大切だと思う。

（２０１２年11月12日）

4．クレーマー対応は必要か

以前、クレーマー対応・対策が話題になり、その種の書籍を数多く見かけた。企業の消費者部門として、クレーマー対応なるものが必要なのか。そもそもクレーマーといわれる人が存在するのかを考える必要がある。

クレームは「苦情」と訳され、しばしば不当な脅迫的要求行為を意味しているが、英語の原義は「要求」やその要求の正当性を主張することである。従って「苦情」には、コンプレイント（不満）とクレーム（要求）が混在しており、消費者から企業への不満・要求行為は、「苦情」と表現することが望ましい。

苦情の多くは、消費者が自身の被った不利益や損害に対する対応を要求しており、企業内で気がつかない問題を指摘されることが少なくなく、製品やサービスの改善を図ることができる。苦情が宝の山といわれる所以である。強い要求に対して悪意を感じてしまう傾向があるが、その本質をしっかり受け止めることが大切だ。

クレーマーとはクレームをいう人となるが、製品やサービス等に対する苦情を申し出るとき過剰に要求したり恫喝（どうかつ）と思える行為に及んだりする申出者を、ある種の隠語として企業サイドで用いられてきた。しかし、申出者自身は「自分が正しい」と考えて一方的な行為に及んでいるのであり、本人はクレーマーと思っていない。その意味においてクレーマーという消費者は存在しない。

企業として申出者の困る行為には、過剰な要求をする、常識を逸脱している、執拗（しつよう）に要求・行動する、暴力的行為に及ぶことがうかがえる、精神面で病的言動がうかがえるなどであるが、これらは申出者の自分本位に基づくものであり、特別な対応は不要である。ただ、暴力的行為には警察力のサポートが、そして、精神面での病的言動には特別な注意が必要となる。

相談と苦情の本質は同じで、違いは「感情」だけであるので、冷静に苦情を受け止めることが大切である。ただ、消費者の要求には、理解されたいという要求や補償を含む物質的要求などがあるので、申し出を傾聴して何を要求しているのかを判断することが重要だ。

クレーマーには特別な対応をしないと解決できないとの意見を聞くが、特別な対応が新たなクレーマーを創ることになり、常習化を助長することになる。昨今、クレーマーと決めつける感があるが、先入観を持たずに対応することが重要で、先入観は相手に伝わるものである。

苦情申出者によって対応を変えることなく、公平性の原則にのっとり、誠意をもって客観的に対応する。このことが消費者・社会からの信頼を確保することにつながる。たとえ、無理難題と思われる申し出にも、「こだわり」なのか、不当要求かを見極め、毅然と対応すれば何ら問題がない。そのためには、法令遵守をはじめとする広範なコンプライアンス実践が重要であり、情報開示で担保されることが不可欠である。

（２０１０年７月19日）

5. なぜマニュアルが必要か

以前、苦情対応に関するISO／JIS活用について述べたが、JISQ10002に準拠して、消費者（お客様）対応マネジメントシステムを構築し自己適合宣言する企業を見かけるようになった。しかし、マネジメントシステムは実際の業務に活用・順守されなければ絵にかいた餅である。JISの導入にあたっては、社内規程を制定する手法を推奨しているが、運用にはマニュアルの整備が重要となってくる。

マニュアルとは、とるべき行動を明文化して示したもので、組織の運営に必要なもの、特に、消費者との接点業務である消費者対応には不可欠である。また、継続性の視点からも社内規程やマニュアルは必要であり、消費者対応をはじめとする企業活動は継続されてこそ、消費者に信頼されるのである。

一方、マニュアル人間はいかがなものかという声を耳にする。確かに、マニュアル通りの対応で、明らかに配慮が欠けている対応を見ることがある。これは「その対応（行動）がなぜ必要なのか」という目的が理解されていないことによるものだ。また、店頭での奇異な言葉遣いや挨拶もある。これもマニュアルの不備であり、心がこもっているかの問題でもある。

従って、業務でとるべき行動をマニュアルに具体的に指示することが必要となってくる。たとえば、「客観的に対応する」に加えて、「現品を確認する」などの三現主義の指示である。そして、対応（行動）の目的を理解せしめることにより、マニュアルへの批判は解消でき、臨機応変な対応も可能になると思う。

実際に、社内規程を制定してＪＩＳを導入する場合、規格の意図（目的）は社内規程に組み込み、具体的な行動の詳細は消費者対応マニュアルの整備で行うのが一般的である。社内規程は、社外に開示することを意識して企業姿勢（考え方）を中心としたシンプルなものとし、消費者対応マニュアルは可能な限り具体的であることが望まれる。

消費者対応は、組織として実践するものであり、高位平準化が求められる。消費者対応者の資質や経験は異なるので、消費者対応に関する社内規程や消費者対応マニュアルが必要となり、そして、社内規程の理解と社内規程に基づいたマニュアルの徹底が重要となってくる。そのために、企業として計画的かつ全社的に研修会やｅテストなどを実施し、社内規程の目的と具体的な対応方法を徹底することが大切である。

そして、忘れてはならないのが、マネジメントシステムのチェック（監査）である。社内規程やマニュアルに基づいた対応が実践されていなければ、ＪＩＳに準拠しているとは言い難い。そのためには、モニタリング（監視）や監査が重要であり、消費者視点からの適切な監査が必要となる。自己適合宣言は、自己責任で行うものであるが、しっかりと監査した結果であってほしい。

（2012年8月13日）

6．企業の啓発活動を考える

昨年、国際規格ＩＳＯ２６０００が発行された。組織の社会的責任に関するガイドラインだ。その中核主題の一つに「消費者課題」があり、「安全性が確保された製品及びサービスの供給」そして「消費者が理解できるような形で製品及びサービスに関する情報の提供」などがある。消費者とのコミュニケーションが重要である証しだ。

企業の消費者部門の業務に「消費者啓発」があるが、昨今、消費者啓発への取り組みが低調になっているように感じる。企業の多くは消費者に製品やサービスを提供しているが、機能や使用方法などに企業の意図するところがある。しかし、消費者がそれらを理解していないことにより、機能が十分発揮されないどころか、トラブルが発生することもある。

企業から消費者への情報提供には、広告・宣伝、取扱説明書や本体表示、そして販売時の説明などの方法があるが、少し角度の違った方法として「消費者啓発」がある。啓発活動は、製品・サービスの上手な使い方など「効用」に関する情報、そして、被害の未然防止のための「安全・安心」に関する情報などの提供であり、企業の責務ともいえる。なお、消費者啓発の関連として消費者教育があるが、消費者教育は意思決定能力を育成することであり、学校教育の領域が大である。もちろん、企業の果たすべき役割も重要であることを忘れてはならない。

啓発内容は、製品・サービスにより異なるが、基本的考え方は共通だと思う。被害の未然防止のための安全・安心情報、そして、製品・サービスの効用を発揮させるための情報を適切に伝えることである。具体的には、「何に注意すべきか」「なぜ注意すべきか」などの安全情報、製品・サービスの効用を発揮させるには「どうすればよいのか」「どうなっているのか」を伝えることであり、製品・サービスのデメリットを開示することも重要だ。それ故に、相談や苦情を分析して消費者に伝えるべき内容を確認にすることも必要となってくる。

次に、提供方法の問題である。啓発（情報提供）は、受け手（消費者）側の行動に影響を与えなければ意味がない。ツールとして、冊子などの印刷媒体、マスメディア、インターネット、販売時の説明、啓発講習会などが考えられるが、近年はインターネットに偏重している感がある。先日、ある新聞の生活欄に「低温やけど」の記事が掲載されていたが、内容そして提供方法も消費者はすんなりと受け入れることができたと思う。

消費者啓発の目的は、消費者が啓発内容をしっかり受け止め、より豊かで安全な消費生活を送ることにある。製品やサービスがますます多様化する現代、企業は消費者の行動を真摯に受け止め、マスメディアや行政・団体との連携も含め、消費者目線で「安全・安心」そして効用に関する情報を提供することに取り組むべきである。

（2011年1月24日）

7. コストセンターではない

消費者部門の地位向上が叫ばれて久しい。経営環境が厳しくなると、ますます消費者部門の先行きに暗いものを感じる。これは「消費者部門をコストセンターだ」との認識に基づくものだと思う。消費者部門はコストセンターではなく、経営リスクを回避しプロフィットを生みだす部門であると消費者部門が確信すべきだと考える。

消費者部門の使命は、消費者志向経営の推進であり、消費者関連4業務（消費者行政・団体との折衝、相談や苦情の受付・対応、消費者啓発活動、消費者情報のフィードバック）の実践である。そして、消費者志向経営のチェック機能を果たすことだ。いずれにしても、消費者部門が、自らの使命を受動的に捉えるのではなく、能動的に捉えて行動することが大切である。

具体的には、消費者部門自らが企業の持続的発展になくてはならない部門だと確信して、一歩踏み込んだ活動を展開すべきだ。たとえば、主要業務である相談や苦情の受付・対応である。相談や苦情を単に解決するだけでは企業に対するマイナス評価を0にするだけであり、コストセンターと評されるかもしれない。しかし、消費者に満足・感動されれば「ファン化」につながり、次の購買にもつながる。加えて、消費者意向をキャッチし製品やサービスの改善に活かすことができれば、市場の開拓になる。そのためには、消費者目線をベースとした分析・対応力が必要なことはいうまでもない。

啓発活動も同様で、デメリットも含めた消費者に必要な情報を知らしめることによるファン化は、もちろん、もう一歩踏み込み、消費者の意見をヒアリングする姿勢、すなわちマーケティング的活動も大切である。折衝業務も前向きに取り組むことにより、情報の先取りなど経営に貢献できる。

ただ忘れてはならないのは「見える化」である。活動の見える化の取り組み、適切なレポーティングがなければ、消費者部門の地位向上はおぼつかない。そのためには、相談対応であれば、満足度調査（内製化）の実施や、消費者の声の社内フィードバック（提案・提言活動）などであり、そして、苦情対応などの都度報告とは別に、トップマネジメントへの定例報告が不可欠である。

また、消費者に対する説明責任も大切である。消費者目線での情報提供、消費者の声の傾聴・対応を望んでいる消費者は少なくない。従って、双方向コミュニケーションの重要性を理解し、消費者とのコミュニケーションに取り組むことにより、信頼関係を構築することができファン化も期待ができる。

いずれにしても、消費者目線を基本とし、消費者部門として受動的・内向きでなく、能動的に行動し「見える化」に取り組み、トップマネジメントからも頼られる部門をめざすことが望まれる。そして、コストセンターという評価から脱却するときだ。

（2013年2月18日）

8．相談窓口体制を再考する

消費者保護基本法の制定を受けて、69年に通商産業省（現経済産業省）が「業界における苦情処理体制の整備について」という通達を出し、企業に消費者相談窓口が設置されるようになった。その後に起きたオイルショックによる企業の危機感などが後押しとなり、相談窓口の設置が増加、早や40余年が経過した。消費者意識の高まりもあって、相談件数は増加している。

先日、消費者運動に取り組まれている人と企業の相談窓口の現状について懇談する機会があった。「相談の電話をかけても音声ガイダンスが流れて、担当者とすぐに話ができない」とこぼされていた。多くの企業がフリーダイヤルを導入し音声ガイダンスで消費者を誘導されているが、その時の音声ガイダンス誘導への不満である。

昨年11月に㈳消費者関連専門家会議（ＡＣＡＰ）が実施された会員調査によると、フリーダイヤル導入率は68％で、Ｅメールでの受付率は79％とかなり普及している。フリーダイヤルは、通話料無料で相談できるというお客様満足を目的とされていると思うが、そのしくみの中で不満が起きているのだ。相談対応時の通話料無料だけが満足度向上策ではない。

相談や苦情は、手間をかけず迅速かつ適切に解決されることが望まれており、専門能力をもった相談員との双方向コミュニケーションにより適切な解決策が導き出されることが重要だと思う。加えて、相談対応のアウトソーシングもかなり進んでいる。相談・苦情対応は、企業の社会的責任の視点からも重要な業務であり、相談者（消費者）の声のフィードバックも大切だ。アウトソーシングでは消費者の声が定量的に判断される傾向があるが、消費者の声は決して単純な「宝の山」ではない。それ故に、消費者の声の分析は相談員のマインドを加味した総合的な判断が重要であり、相談対応の内製化も一策だ。

相談窓口で最も大切なことはお客様満足度であり、そのために、相談窓口は相談対応の評価を自ら実施することが望まれる。たとえば、音声ガイダンスに対する抵抗感や待たされるという感覚のマイナス評価と、フリーダイヤルでの通話料無料というプラス評価との見定めが必要である。外部調査会社の満足度調査の結果に右往左往することはない。満足度調査は自社のレベルアップに必要なもので、自己責任であり統計学的視点にあまりこだわることはない。

相談者や相談内容により、Ｅメールでの対応のように相談員と会話しない方法や、相談の多い内容をＦＡＱとしてホームページに掲載し消費者に自己完結してもらう方法が好まれる場合もある。また、一定の通話料を消費者に負担してもらうナビダイヤルもある。いずれにしても、多様化する消費者の立場から相談窓口体制を見直し、消費者に選択して活用してもらい満足される相談窓口体制を構築することである。

（２０１２年４月30日）

第4章 外部環境を知る

1．消費者庁をどう考えるか

長年多くの人が望んでいた「消費者庁」が内閣府の外局として設置されスタートした。消費者はもちろん企業も、消費者庁についてしっかりと考え、そして見守ることが重要である。

68年、消費者保護基本法が制定され消費者保護に取り組まれたが、消費者トラブルは続発してきた。一方、グローバル化の対応策として規制緩和が進められ、事前規制から事後チェックの社会へと変化してきた。04年、消費者保護基本法が消費者基本法に改正され、消費者の権利が明確化されると同時に、消費者は保護される立場から自立が求められるようになった。

しかし、企業の不祥事が多発し、ガス瞬間湯沸器による一酸化炭素中毒事故やこんにゃくゼリー死亡事故など深刻な安全問題も発生した。その一因に縦割り行政が挙げられ、消費者行政の一元化がクローズアップされて消費者庁の設置に至った。

消費者庁は今年5月に成立した消費者庁関連3法に基づき設置され、消費者行政の司令塔として、そして消費者関連法令を所管して消費者行政に取り組まれる。また、消費者委員会も重要な使命を果たすべき存在で、委員は民間人9名で構成されている。消費者庁そして消費者委員会には、消費者視点に立ち、法の趣旨を体して、それぞれの責務を全うしていただきたい。

関連3法の一つ「消費者安全法」を理解することも大切だと思う。具体的には、都道府県の消費生活センター設置の義務化など地方公共団体の消費者行政充実強化、そして、ヒヤリハット情報も含めた消費者事故等に関する地方公共団体等の国への報告義務、情報の集約、消費者被害の防止のための措置が挙げられる。

75年より企業で消費者問題を担当し関わってきた者として、消費者庁設置の動きの中で「消費者安全法」は企業にとって重要な法律だと考える。これまで消費者被害への対応が結果として後手に回っていた行政が、迅速かつ一元的に対応することになる。

これからの企業は、製品事故について誤使用など消費者サイドの問題を云々する前に、被害救済、拡大防止に取り組まなければ、事故情報を隠蔽(いんぺい)していると疑われることになる。従って、事故情報は速やかに国等の行政に報告し公表して拡大防止に取り組む姿勢が望まれる。その上で再発防止策等が検討されるべきである。それも企業として自主的に実行されることが重要である。そのためには、法令遵守をはじめとする幅広いコンプライアンス経営の実践と、それを担保する情報開示やコミュニケーションに取り組むべきである。

また、消費者は自立することが重要であると同時に、社会の一員として消費者被害・トラブルを当該企業に申し出るとともに、行政等に相談・報告することが望まれる。消費者庁が設置されても受身の姿勢では、社会は何も変わらないといっても過言でないと考える。

（2009年9月14日）

2. 国民生活センターを考える

昨年末、「独立行政法人の事務・事業の見直しの基本方針」が閣議決定され、消費者庁に「国民生活センターの在り方の見直しに係るタスクフォース」が設置された。国民生活センターの在り方について検討されているが、国の消費者行政の在り方を検討するのが先決だと思う。

消費者問題は、消費者と企業との技術や情報などの格差に起因して発生するもので、年々複雑・多様化し巧妙化そして深刻化している。消費者問題を当事者間のみで解決することが一層困難となっており、行政や第三者による解決支援が期待されている。

消費者行政が、消費者の「保護」から「自立の支援」に大きく転換されたが、これはめざすべき基本理念であって、消費者が弱者であることに違いはない。消費者の自立を支援する消費者行政の責務はより重要となっており、具体的には、消費者問題の解決の第一歩である「相談業務」への取り組みである。日々変化し高度（専門）化する消費者問題の解決には、より広範かつ専門的な知識が必要であり、相談員には高度な対応能力が要求されている。

相談業務は自治事務と位置付けられ、地方自治体に消費生活センターが設置されているが、現状をみると、自治体により違いがあるが、体制面や対応力に問題があるといわざるを得ない。たとえば、体制面では、土日祝日の対応や人員体制などの課題があり、対応力の問題は、製品安全問題への技術力や相談の多くを占める契約問題・悪質商法における法的専門性などである。このように、自治体の相談業務には多くの課題があり、また強化にも限界があるのも現実である。

従って、相談業務をはじめ消費者行政を地方自治に任せるのではなく、国と地方自治体が協働することを基本として、国は自治体を支援することが重要である。そのためには、苦情対応でいわれる三現主義（現場・現物・現実）を体して、国として相談業務を実感（実践）し、地方を指導する研修システムや有効な相談員資格制度を確立することが大切だ。消費者庁が設置されて、消費者行政を強化すべきときに、国民生活センターが直接相談を廃止すると聞くにつけ甚だ残念に思う。もちろん、商品テストやＡＤＲ機能なども相談業務の延長線上にあり、消費者行政に不可欠であることを忘れてはならない。

閣議決定に基づいたタスクフォースとはいえ、議論が建前論的で消費者行政の後退といわざるを得ない。消費者行政の高度化が要求されている現在、消費者に密着した地域対応と、広域かつ専門性を考慮した国の対応を併用することが必要である。消費者行政は相談業務（現場）に始まり、国は現場を実感し支援することが責務だと認識すべきだ。タスクフォースは消費者委員会とも連携して、消費者行政のあるべき姿を研究すべきであり、独立行政法人も有効なしくみだと思う。

（２０１１年３月７日）

3. 消費者行政に何が必要か

消費者行政が一元化され、消費者庁・消費者委員会が発足して1年、9月開催の第34回消費者委員会において、この1年の活動と今後の取り組みが報告された。消費者庁は、今後も消費者行政を統一的・一元的に推進することにより、消費者の安全・安心を確保し質の高い市場を実現することをめざすとされた。消費者委員会は、消費者庁と消費者委員会という2つの行政機関の組み合わせでほかに類似のものがなく試行錯誤を重ねてきたが、今後、消費者庁やほかの省庁が意識していない事項を取り上げて調査審議することを重視し、見える化も必要との意見が出されたようだ。

先日も、あるテレビ番組で「消費者庁」が取り上げられていた。安全問題が話題の中心で、消費者情報の一元化そして公表の問題がクローズアップされ、消費者庁と国民生活センターとの連携や公表の内容・時期などに解決すべき問題があると指摘されていたが、全く同感だ。

しかし、消費者行政のめざすものは、消費者問題の根本的な未然防止にあると思う。そのためには、消費者問題の原点に戻り、当事者である消費者と企業（事業者）について考える必要がある。情報について議論している段階では、まだまだ後追い行政の感を否めない。

確かに、消費者にとって直近の消費者被害・トラブルの救済・防止は重要ではあるが、根本的な解決策は、「消費者教育」そして「健全な社会システムの構築」だと考える。

まず、消費者教育の体系的・総合的推進である。「教育は百年の計」といわれるように、消費者教育は目先のハウツウ啓発ではない。消費者庁は文部科学省をはじめ関係者と協働して、「消費者学」の教育として消費者教育を考えるべきではないか。

次に、健全な社会システムの構築で、事業者を消費者志向にせしめることが第一歩である。法律で規制することも必要ではあるが、事業者が消費者志向経営に取り組むようにすることが大切だと思う。消費者庁の発足は縦割り行政の弊害解消として期待されるが、これまで消費者行政を担当してきた省庁なども消費者目線を担当行政に落とし込む必要がある。たとえば、経済産業省は消費者目線を産業界に徹底することで、健全な経済社会システムの実現につながると思う。産業構造審議会消費経済部会の議論などもその一歩だ。

消費者行政も「消費者志向」の段階に進むべきであり、産業界に対して消費者志向経営を推進するよう働きかける必要がある。たとえば、リコール社告である。ＪＩＳに消費者目線で作成されたリコール社告規格があるにもかかわらず、活用度が低いように感じる。食品業界も含め監督省庁がＪＩＳの活用を推奨することも一つの方策だ。また、社会的責任の国際規格ＩＳＯ２６０００が近々発行されるが、産業界そして行政がどこまで意識しているのか疑問である。

（２０１０年10月４日）

4. 地方消費者行政を考える

地方の消費者行政の充実に何が必要かを考えるシンポジウムが開催され、地方消費者行政活性化基金が12年度で終了した後も、消費者行政に確実に使える国の財政措置を要請する必要性が指摘されていた。消費者庁創設に伴い、09年度から3年間で地方の消費生活相談体制を強化するための交付金が47都道府県に配分され、都道府県が地方消費者行政活性化基金（途中で1年延長）を設け、取りくずしながら消費者行政強化に取り組まれてきた。

地方消費者行政が取り組むべきことは、消費生活相談と消費者教育・啓発だと思う。消費生活相談には、消費生活センターの設置や充実、相談員の確保や研修などの解決すべき課題があり、取り組まれてきた。ただ、消費者トラブルが複雑・多様化し、深刻化する現状においては、相談体制の強化だけでは消費者問題の根本的解決は困難であり、消費者問題は未然防止が大切だと考える。

消費者問題の未然防止には、消費者が自立することが必要であり、消費者基本法の第一条（目的）にもあるように「消費者の自立の支援」が重要だ。そのためには、消費者教育・啓発の充実強化が急務であり、以前も指摘したように、消費者教育と啓発を区分し目的を明確にすべきである。消費者教育は意思決定能力の育成であり、学校教育において体系的に取り組むべきで、消費者啓発は消費生活に必要な情報の提供と考えるとよい。

健全な消費生活には、時代に即した学習が大切であり、消費生活センターなどの行政が中心になって生涯学習として消費者啓発に取り組むべきだ。具体的には、啓発講習会やセンターニュースの発行などが考えられるが、有効な手段として、地方自治体が発行し全世帯に配布されている広報誌の活用がある。しかしながら、消費者問題が広報誌に取り上げられることが少なく、また工夫も必要だと思う。

昨今、高齢者被害が問題視されているが、高齢者に必要な情報が届いているであろうか。高齢者の多くはネットではなくマスコミや紙媒体から情報を得ていると思う。情報は受け手である消費者に届き認識されなければ意味がない。情報提供はその目的を明確にして適切なツールを選択し実行されることが望まれる。インターネットは受身の手段で、高齢者には広報誌のように受け手の手元に届けられる媒体すなわち能動的媒体が有効だと思う。また、自治会との連携やマスメディアの活用など、消費者啓発は研究が必要だ。

地方消費者行政の充実には予算も重要だが、首長の消費者行政への姿勢がポイントであり、消費者が消費者行政に強い関心を示すことが不可欠だ。そして、消費生活センターなどの相談体制の強化、消費生活に必要な情報を消費者に的確に伝えることが大切である。消費者教育・啓発が地方消費者行政のキーワードだと思う。

（２０１２年２月２０日）

5. 司法にも消費者の視点を

09年5月に裁判員制度が施行されて丸3年が過ぎた。裁判員制度の導入にあたっては市民の健全な社会常識が期待されていた。最高裁判所が公表した量刑分布をみると、裁判官だけの裁判だった時代と比較して、被害者の心の傷を重くみるなどの変化があった。裁判官・検察官・弁護士ら法曹三者は3年間の実績を好意的に受け止めている。

先日、大阪高裁でこんにゃくゼリーによる窒息死亡事故の控訴を棄却する判決があったが、消費者被害を理解した判決とは思えない。消費者被害に関する訴訟は、他の民事訴訟と異なり、消費者と企業との格差の中で発生した事故による被害であることを理解する必要がある。製造物責任法や消費者契約法が十分機能しているとは思えない。

実際に製品被害をみると、安全に対する企業側の配慮不足による重大な事故が発生している。企業には安全な製品を提供する義務があり、注意表示での安全担保は困難だと考えるべきである。なぜなら、消費者による安全確保には限界があるからだ。従って、司法においても、消費者はいかなる行動をとるのか、製品安全はどう担保すべきかを理解することが大切であり、判決が以降の製品安全につながることも認識すべきだ。

また、契約問題も、被害からの回避責任を消費者に押しつけるべきでない。経営破綻した英会話学校に損害賠償を求める裁判においても請求を棄却する判決であった。企業側の社会的責任を考えていないとしか思えない。実社会を消費者の目線で直視し理解すべきだと思う。

最高裁判所のホームページをみると、裁判官には、裁判実務に関する知識・能力、幅広い教養、深い洞察力などが必要であり、裁判官の自己研鑽に加えて、司法研修所で裁判官研修を実施しているとある。以前、判事補を対象とする民間企業長期研修（派遣型研修）で、研修生である判事補に担当業務を説明する機会があった。現場を案内するなど、消費者問題や消費者トラブルの本質を理解してもらうように努めたことを思い出した。

しかし、研修を受ける裁判官は限られ、研修の領域も限られているようだ。今後、民間企業での研修に併せて、消費者の立場からの研修も重要である。なぜなら、人間社会において消費生活が大きなウェイトを占めており、そこで消費者問題・被害が発生しているからだ。加えて、消費者訴訟に消費者視点を直接的に取り入れる制度の導入も検討すべきだと考える。

司法が、消費者被害を最終的に救済し、被害の再発を防止するといっても過言でない。消費者の目線で行政が推進され、企業が消費者志向経営に取り組み、消費者が自立に向けて努力することはもちろんだが、裁判所が、消費者問題を正しく理解し、社会をしっかり見据えて判断（判決）しなければ、消費者主権の健全な社会の持続可能な発展はあり得ないと思う。

（2012年6月18日）

6．消費者団体の役割は何か

昨今、消費者団体の活動が見えなくなっている。消費者問題に係わり始めた昭和50年代はいろいろな場面で消費者団体が活躍されていた。関心のある分野で製品やサービスについて勉強して、個々の企業や業界団体にアプローチされ、商品研究会や意見交換会などを実施された。企業や業界団体もそれに対して真摯に対応し、充分とはいえないまでも一定の成果をあげてきたと思っている。

消費者団体は企業にとってある意味で怖い存在であったが、結果として企業の消費者部門が注目され、また存在価値も高まった。少なくとも企業内で消費者部門が頼られる存在といえた。先日、ある消費者団体の会長にこの話をする機会があったが、当時を懐かしみながらも活動の様変わりを共有した次第だった。

今こそ、消費者団体とは何か、消費者団体の役割は何かについて考える必要があると思う。消費者団体の役割は、消費者自らの消費生活の向上を考えることであり、最低限取り組むべきことである。次に、国民生活白書の「消費者市民社会」にもあるように、社会に対する働きかけ、すなわち製品やサービスについて企業や行政などに発言していくことであり、加えて、自立できる消費者の育成すなわち消費者教育に取り組むことである。この3つの取り組みがあってこそ消費者団体の存在意義があると考える。

07年、消費者団体訴訟制度が消費者契約法に認められ、適格消費者団体がスタートした。現在では景品表示法、特定商取引法でも認められ積極的に活動されている。最近の活動として、賃貸住宅の敷引きや更新料条項などが不当なものとされ、勝訴判決を獲得している。今後も消費者目線で消費者問題の解決に取り組み、社会を改善する活動を展開されることに期待したい。

しかし、消費者教育という場面では、適格消費者団体の活動も不充分と言わざるを得ない。消費者教育の重要性は語られるが、遅々として進まないのが現状で、その原因は議論に具体性が欠けるところだと思う。適格消費者団体の勝訴判決などで得た情報を教育現場に持ち込むことも大切だ。

一方、消費者団体からの指摘は企業として難題でありコストのかかることが多い。しかし、それは一時的なことで、長期的にみると企業にとって改善すべきことであり、プラスになることが多い。企業の消費者部門は積極的に消費者団体と交流を図ることが重要である。

苦情は「宝の山」であるといわれるが、消費者団体はそれ以上の「宝の山」であり得る。しかし、消費者団体が見えてこないのは、３つの取り組みのうち社会に対する働きかけや消費者教育が弱いからだと思う。消費者団体も社会的責任を意識して積極的に取り組まれることを期待したい。今こそ、消費者一人ひとりが「消費者市民」として消費者団体に関わることも大切だ。

（２０１０年1月25日）

7. 適格消費者団体を考える

先般、11番目の適格消費者団体が認定された。消費者契約法が06年に改正され、消費者団体訴訟制度が導入、翌年6月より運用されているが、適格消費者団体は、消費者の利益擁護のために差止請求権を適切に行使できる適格性を備えていると内閣総理大臣の認定を受けた消費者団体である。08年には制度対象が景品表示法と特定商取引法に拡大されている。

運用から5年が経過、適格消費者団体は、消費者被害の未然・拡大防止のため、事業者の不当な行為に対して是正の申入れや差止請求訴訟に取り組み、勝訴も含めて一定の成果を収めている。しかしながら、消費者被害は依然発生しており、適格消費者団体の一層の活動を期待すると同時に、差止請求権の行使による消費者問題の解消に限界を感じざるを得ない。

一方、消費者被害の簡易・迅速に回復を図ることを可能にする「集団的消費者被害回復に係る訴訟制度」が検討されている。この訴訟制度は、二段階型の新たな訴訟制度で、一段階目の手続の判決効力が、二段階目の手続に加入した消費者にも及ぶとする特徴があり、この手続を実施する団体として、適格消費者団体に新たに要件を追加して、改めて「特定適格消費者団体」として認定される予定だ。

一段階目の手続は、特定適格消費者団体が訴えを起こし、多数の消費者と事業者との間に共通する争点について確認し、特定適格消費者団体が勝訴すれば、二段階目の手続に移行する。特定適格消費者団体の通知・公告により、被害を受けた個々の消費者が手続に加入し、特定適格消費者団体が事業者に対し請求する金額等を取りまとめて裁判所に提出し、事業者によるその金額等に対する認否等の手続を経て、個々の消費者に対する最終的な返還金額を決めるというものだ。

消費者は、一段階目の手続の結果（特定適格消費者団体の勝訴）を見定めたうえで、二段階目の手続に加入するかどうかを判断することができ、事業者も、多数の消費者との間の紛争を効率的に解決することが可能というメリットがあるといわれるが、消費者に一段階目の結果を周知徹底することが重要である。

消費者被害の根本的な解決は、消費者自身が被害から身を守り、被害を受けた場合の被害回復には自ら行動すること、すなわち、自立した消費者、消費者市民が求められる。具体的には、被害未然防止に関する情報や集団的消費者被害回復に係る訴訟などを認識することであるが、そのためには、消費者に対して適切に情報が提供されることが不可欠だ。

適格消費者団体は、「消費者団体」である。差止請求権の行使などに加え、消費者に情報提供すなわち「消費者啓発」することを責務と考えるべきであり、問題（情報）の収集にもつながる。個々の消費者も、自分たちの適格消費者団体であると考え積極的に関わることも必要だと思う。

（2012年12月10日）

8．マスコミの役割を考える

消費者問題に携わって30余年、考えることにマスコミの役割がある。当時から消費者問題におけるマスコミの重要性は語られてきたが、いまなおマスコミがその役割を十分に果たしていると思えないのが偽らざる気持ちだ。なぜ、マスコミの役割が重要であるかを考えてみたい。

消費者問題は「情報」をはじめとする消費者と企業との格差に起因する必然的な問題である。消費者問題の解決には、被害の救済、拡大防止の取り組み、そして、未然防止のための啓発活動（消費者教育）が重要であり、そのためには情報の共有化それも社会的共有化が不可欠である。社会的共有化において最も大きな役割を占めるのが、新聞やテレビに代表されるマスコミであると考える。加えて、消費者のマスコミ情報に対する信頼度の高さは周知の事実でもある。

平成20年版国民生活白書において「消費者市民社会への転換」を取り上げ、社会の主役として消費者市民を求め、そのためには消費者教育が重要であるとされている。新たな消費者基本計画においても重要な取り組みの一つに取り上げられた。

消費者教育は消費生活における意思決定能力の育成であり、その担い手の一つが学校教育であることには間違いないが、消費者教育は生涯教育といわれるように社会教育も重要である。日々、消費者問題・トラブルが複雑・多様化して数多く発生していることを考えると、行政に加えてマスコミが果たすべき役割がいかに重大であるかは自明の理である。

現代はネット社会といわれ、インターネットであらゆる情報を入手することができ発信もできる。しかし、情報入手には、サイトへのアプローチが必要であり、また、デジタル・ディバイドの問題もある。それに比べると、提供できる情報量に限界はあるが、消費者が受動的に情報を入手できるのがマスコミである。マスコミの情報発信は消費者啓発であり消費者教育だと考える。

新聞であれば、消費者トラブルを社会面のニュースとして、また、製品や取引に関する「安全・安心」を切り口とした家庭欄での特集などの方法がある。たとえば、適格消費者団体が行っている差止請求訴訟の場合、消費者契約法や景品表示法・特定商取引法に基づき不当となる条項や行為を差し止めるもので、その内容を広く知らしめることは大いに意味あることだ。消費者トラブルの存在から訴訟内容に至る情報は、被害の拡大・未然防止に役立つ生きた消費者教育である。

マスコミとして消費者啓発の視点で積極的に消費者問題を取り上げることを切望するとともに、企業や消費者団体がマスコミに対して働きかけ、そして、行政も加えたコミュニケーションの構築も重要だと思う。具体的には、リコール情報はもちろん、消費者の立場に立った「安全・安心」を切り口とした情報提供を積極的に展開していくことである。

（2010年7月5日）

第5章 消費者安全とは

1. 製品安全をどう考えるか

今なお、製品による事故が絶えない。製品は「効用」がなければ存在する意義がないが、その前提として「安全」でなければならない。しかし、絶対安全が存在しないのも現実である。

製品事故の要因には、製品に起因するもの、使い方すなわち使用者や使用環境に起因するものがあり、そして、これらが複合して発生するのが実態だ。それ故に、再発防止には原因究明が必要であり、社会としても原因究明・事故調査システムが必要視されている。

製品事故を分析すると、重篤性、多発性、新奇性、回避可能性などの側面がみえてくるが、重篤性そして回避可能性が最も重要なことだと思う。消費者（使用者）の注意で事故を避け得るかどうかである。先日、テレビニュースで「機械は壊れ、人は間違える」との考えのもと製品安全対策に取り組んでいる企業の紹介があったが、そうあるべきだ。

製品事故の未然防止すなわち安全確保には、製品から不安全要素を取り除くことが重要だ。不安全要素が顕在化していなくても除去に取り組めるのは製造事業者であり、社会の発展・生活の向上のために製品を供給しているのである。製造物責任法の免責事由に「科学又は技術に関する知見によっては、当該製造物にその欠陥があることを認識することができなかったこと」とあるように、製造事業者は最高水準の技術で製造すべきであり、何よりも安全を最優先させるべきだ。決して、安全確保を消費者に委ねるべきでない。特に重篤な事故を招く可能性があれば、「注意して使用してください」という注意表示はナンセンスである。

また、製品事故が発生したときは被害の救済が重要で、生命身体に係る事故では原状回復の困難なケースもあるが、少なくとも経済的救済が行われることが不可欠だ。製造物責任法が制定されたが、まだ被害救済には課題が残っていると思う。損害賠償は被害者救済のみならず、未然防止も含めて社会的意義が大きい。もちろん情報公開も拡大防止にとって重要なファクターである。

消費者も安全を自らのこととして捉えると同時に、消費者市民社会における経済主体としての役割が求められている。製品事故が発生すれば、製造事業者をはじめ関係者に申し出ることである。また、流通事業者そして行政も情報関連も含め大きな責務がある。

いずれにしても、消費者に安全確保を委ねることは問題である。特に重篤性や回避可能性に問題があるときは、製造事業者に製品安全を追求することが求められ、それが困難なときは、効用より「安全」を優先すべきである。こんにゃく入りゼリー事故後の対応には考えさせられる。製品安全の第一義的責任は製造事業者にあり、決して消費者に転嫁するものでない。もちろん、消費者に注意を喚起することは大切であり、消費者にも消費者市民としての行動が望まれる。

（2010年8月23日）

2. 子供の安全確保を考える

先日、使い捨てライターを使うことがあった。子供が簡単に操作できないチャイルドレジスタンス機能が施されたもので、これなら大丈夫だろうと思った。子供のライターの火遊びによる火災や死亡事故が続き、使い捨てライターや多目的ライターにチャイルドレジスタンス機能が義務化されたのだ。子供の製品起因による事故を聞くにつけ、社会システムの整備の必要性を痛感する。

子供は高齢者や障害者などと同様に社会的弱者といわれるが、子供は高齢者などの社会的弱者と本質的に異なる。高齢者は個人差があるものの加齢により運動機能や判断の俊敏さの低下などが見受けられ、製品事故の一つの対策として、誰でも安全に使えるように配慮したユニバーサルデザイン設計が有効だと考えられる。

一方、子供でいう弱者とは、成長過程における未熟さによるものだ。体験をはじめとする学習と身体的発達で解決するものだが、子供の行動特性は、基本的に「好奇心」が強く、未熟さ故に行動結果に対する予測力（危険認知能力）が限定的であり、大人の目には思わぬ行動と映ることがある。子供には好奇心によるチャレンジが必要であり、そのチャレンジが体験となる。幼児期にモノをすぐに口に入れたり、狭いところに入ったりするのも一つだ。

従って、子供の安全確保のために、体験から遠ざけることは避けるべきだ。子供の成長にはできるだけ自由に行動させることが必要であり、学齢期になるとナイフを使用させるのもその一つだ。ただ、重篤な事故を招くようなことは体験の領域を超えており、こんにゃくゼリーによる窒息死亡事故などは、製品側で事故を未然防止する設計思想が必要だと思う。

子供の製品事故が発生すると、保護者の責任が指摘されることがある。しかし、子供を完全に安全な環境で生活させることは不可能であり、また、子供は経験から学ぶと考えると、善意の保護者への責任追及には限界があると考えるべきだ。また、学校における安全教育の重要性も指摘されるが、幼児期のことも含めて限界がある。

また、製品事故への対応には、事故の重篤性と発生頻度（多発性）の両面で考えることが大切である。しかし、子供の安全確保には、好奇心や限定的な危険認知能力でもってチャレンジし体験・学習するという子供の行動特性を考えると、単純に発生頻度で判断するのではなく重篤性を重視すべきだ。そして、企業として技術面からの絶対安全を追求すべきである。

いずれにしても、企業は子供の安全確保に対する意識を改め、チャイルドレジスタンス機能やフールプルーフなどに積極的に取り組むことが望まれる。行政も事故情報収集分析システムを整備し、安全基準を策定し規制することが求められる。安全の確保には規制行政も含め社会システムとして取り組むことが重要だ。

（2012年9月3日）

3. 消費者被害の要因は何か

こんにゃくゼリーによる窒息死亡事故の損害賠償と製造差し止めを求めた訴訟で、神戸地裁姫路支部は請求棄却の判決を言い渡した。原告側は不当な判決として控訴の方針を明らかにしている。社会として、「消費者被害はなぜ起こるのか」を考える必要があると思う。

消費者問題が社会問題視され始めた戦後以降、消費者は弱者として「消費者保護」が推進されたが、その後、消費者基本法が改正施行されるに至って、「消費者の自立」が求められている。この考え方に異議をはさむものではないが、消費者と企業が対等もしくはそれに近い関係になったとは思えない。消費者は完ぺきな行動をする主体でなく、不注意なところがあり不用意な行動や誤使用もする。それがごく自然な消費者だ。過保護には問題があるが、消費者とはどのような主体であるかを知ることが重要だと思う。もちろん、消費者も大いに学ぶ必要があり、消費者教育も重要な社会的な課題だ。

まず、安全問題である。注意して使用しなければ、重篤な事故を招く可能性のある製品はあってはならないと思う。もちろん、その製品が「包丁」のように社会的に必要性が極めて高いものは別として、通常の製品はそれ自体で安全性を確保すべきだ。注意表示などの情報提供で安全を担保しようとするなど、消費者に責任を転嫁するのは問題である。少なくとも不注意で重篤な事故に至らないようにすべきで、消費者と企業を対等に考え、「欠陥」を認定することは非社会的である。消費者行動が不注意もなく合理的かつ完全なものばかりとは考えられないからだ。

また、契約問題でも同様で、被害者に対して「騙される方が悪い」と評されることがあるが、果たしてそうであろうか。消費者は「自分本位」であり、意思決定も「利」ある方向に行動するものである。もちろん、自己責任の考え方を根底にもつことの重要性はいうまでもない。

かたや、企業には社会的責任がある。消費者を誤認させる行為は避けるべきであり、消費者を騙す行為はあってはならない。高齢者被害が増加している現状を聞くにつけ、詐欺的行為には厳しく対処すべきだと考える。

安全問題でも契約問題でも、依然として消費者は弱い立場にあり、如何ともしがたい。それ故に、企業に対して厳しい要求が必要であり、その意味では、消費者の立場に立った判断が社会規範として構築されるべきだと思う。消費者被害が増加している今こそ、消費者行政・立法・司法の場において、被害救済や被害の再発・未然防止の意味から、「消費者」そして被害の実態が正しく理解され、消費者目線で判断されることが望まれる。

一方、消費者も被害の求償はもちろん、社会を変革するためにも消費者被害について考え発言し、そして行動すべきだ。無関心は社会にとって悪だと思う。

（２０１０年11月29日）

4. 原因究明をどう考えるか

消費者庁の「事故調査機関の在り方に関する検討会」取りまとめが発表された。その概要は、事故調査の必要性、事故調査に求められる属性、刑事手続との関係、再発防止のための事故調査、被害者等に向き合う事故調査、そして、事故調査機関の在り方である。今後、消費者委員会による調査審議を踏まえながら、関係省庁・機関の協力を得て具体化に取り組むとされている。

一方、「国民生活センターの在り方の見直しに係るタスクフォース」の中間整理では、国民生活センターが実施している苦情相談解決のためのテストと被害拡大防止のためのテストについて抜本的に見直すとある。また、製品評価技術基盤機構ＮＩＴＥにおいても、消費生活用製品の事故に関する情報を提供するためとして事故情報を収集し原因究明を実施されている。

消費生活にとって大切な製品安全を確保するために不可欠である原因究明について、未だ取り組みが不十分であると同時に整理されていない。

製品事故の原因究明の目的は、事故の責任を明らかにすることと再発を防止することであるが、現状をみると、責任の明確化が忘れられているきらいがある。責任の明確化は、被害者救済の第一歩であり、被害者救済なくして安全な消費生活は考えられない。製品事故の原因究明を通して、被害者救済に取り組んでこそ、社会の健全化が期待できると思う。

では、原因究明はだれがするべきか。被害の回復すなわち損害賠償という観点から被害者の立証責任を前提に考えられてきたが、社会的責任の視点からも、製品を供給した企業が原因究明に取り組むべきである。しかし、技術の高度化に伴う専門性や客観性から企業による原因究明には限界がある。また、再発防止という視点からも、社会システムとして原因究明に取り組むべきであり、行政として原因究明に取り組むべき領域があると考える。

ところで、製品事故には重篤性と多発性の２つの側面がある。従って、製品事故データも重要ではあるが、三現主義（現場・現物・現実）に基づいた原因究明に取り組むことが大切であり、そのためにも被害者の協力が不可欠である。そして、原因究明の結果が被害者救済に活用されるべきであり、利用できない事態があってはならないと思う。

いずれにしても、製品は限りなく安全であるべきであり、再発防止の取り組みは重要であるが、不幸にして事故が発生したときは、原因が究明され被害者は救済されなければならない。そもそも事故原因究明において、苦情相談解決と再発防止を分けて考えるべきでない。製品事故の原因究明は、当事者それも製品を供給した企業が行うことが基本だが、消費生活において製品安全を最も重要なテーマと考え、行政が原因究明を補完することが重要であり、社会システムとして一元化した原因究明機関を構築すべきである。

（２０１１年７月４日）

5. ＰＬ法の意義を理解する

先日、「ＰＬ訴訟の現状と問題点」と題する講演の中で、製造物責任（ＰＬ）法に基づく訴訟として95年7月施行以降11年8月31日までに提訴を把握したものが１４２件（国民生活センター商品テスト部調べ）と聞いた。ＰＬ法が制定されるにあたっては乱訴を危惧する向きもあったが、製品の安全に関わる事故・相談が多いにもかかわらず、訴訟件数は極めて少ないといわざるを得ない。

訴訟件数が少ないのは、日本人の訴訟に対する抵抗感もあると思うが、被害者が当該企業に苦情として申し出て解決し、訴訟に至らなかったものが多数あるからだと思う。ＰＬ法の目的に沿って被害救済がなされているのであれば、社会システムとして機能しているのだ。ただ、再発防止の視点からは、事故情報の共有化に疑問が残るところだ。

ＰＬ訴訟においてもう一つの問題は、判例のバラツキである。具体的には、裁判所の消費者問題（消費者と企業との格差）に対する認識に起因することだと思うが、原告（消費者）敗訴、すなわち、消費者被害の救済がなされていない判決が少なからず存在することだ。裁判所は、消費者を完ぺきな行動をする主体でなく、不注意なところがあり不用意な行動をするときもあることを理解すべきだ。

ＰＬ法は、製造物の欠陥によって、人の生命、身体または財産にかかる被害が生じた場合に、その損害の賠償を製造業者が負うとするもので、従来の過失責任に代わって欠陥責任を導入したものだ。欠陥とは「当該製造物が通常有すべき安全性を欠いていること」とあるが、通常有すべき安全性は、使用者（消費者）をどのように認識するかによっても変わるものであり、一方、製造業者は製品改善など事故を回避する技術力などを有していることを認識すべきだ。

ＰＬ法は、製造物の欠陥による損害賠償の責任を規定しているが、その意義は被害救済にある。ＰＬ訴訟においては、製造業者は消費者被害を正しく認識して対処すべきであり、そして、その判決は製品安全の責任範囲を決めるものとして重要だ。しかし、残念ながら判例そのものにバラツキがある。

また、製造業者はＰＬ法の目的を理解して消費者からの申し出に対し真摯に対応することが求められる。当事者間の話し合いによる被害救済が望ましいのは自明の理であり、訴訟に至る前に、製造業者として被害救済に取り組むことが期待される。

そして、製造業者は製品事故発生を回避することにも取り組むべきである。そのためには、欠陥商品を製造しないことだが、絶対安全が存在しないのも現実だ。消費者行動を理解し、ＰＬ訴訟を参考にして安全性の確保に取り組むことが重要である。安全確保は警告・注意表示ではなく、製品改善など製品サイドで担保すべきだ。ＰＬ法の意義は、被害救済であり、製品安全の促進であると思う。

（2012年7月30日）

6. 製品リコールの制度化を

先日も自動車のリコールが報道されていた。リコール社告も今なお掲載が続いている。安全問題などに起因する製品の回収・修理・交換を製品リコールというが、安全問題であるが故にリコールがしっかり実施されているかが気になるところだ。ところが、消費者の目線からみて、リコール社告はわかりづらく、気づかないケースが多い。リコールの実施基準と実施方法に問題があると思う。また、リコール社告がなかなか消費者に徹底しないという課題もある。たとえ、積極的に実施しても回収率が伸びないのが実態である。いずれにしても、消費者が危険にさらされ続けることは問題といわざるを得ない。

製品リコールには、法令に基づくものと自主的なものがある。法令として、道路運送車両法や消費生活用製品安全法などがあるが、昨年8月、消費者委員会として「自動車リコール制度に関する建議」がなされた。早期の改善が望まれるところだが、これとは別に、消費生活用製品のリコールがその企業の自主的判断に基づくものであることが根本的な課題だと思う。

まず、製品リコールを明確化それも制度化する必要があると考える。具体的には、リコール実施基準すなわち判断基準とリコール実施方法を規定することである。自動車リコール制度は、「道路運送車両の保安基準に適合していない又は適合しなくなるおそれがある状態で」とあるが、本来「安全問題の発生又は可能性が判明したとき」だと思う。同様に、消費生活用製品も、重篤な事故はもちろん、消費者の立場に立ち危険可能性も含めて「製品安全」に問題があればリコールを実施するという基準・制度が必要である。それも消費者を保護する判断基準を設けるべきだ。

次に、リコール社告は、消費者に伝わり理解され、行動を引き起こすものでなければ意味がない。08年に「消費生活用製品のリコール社告の記載項目及び作成方法」がJIS化され、「リコールタイトル」「危険性、事故の状況及びその原因」「回収率の開示」など具体的に明示されたが、それ以降の多くのリコールにおいて活用されているとは思えない。リコール社告は、消費者にわかりやすくかつ統一的な様式であることが望まれる。加えて、安全問題とは異なるリコール、たとえば、表示法令違反のケースなどは、安全問題とは別のリコールである旨を明示する必要があると思う。

リコールの目的は、消費者の安全確保である。企業は安全問題を起こさないのが基本であるが、万一起こした場合は、迅速なリコールとその徹底が不可欠だ。そのためには、リコール実施基準と実施方法の明確化が重要で、安全問題にかかわる製品リコールの厳正なる制度化が望まれる。もちろん、製品リコールを実施する企業の「最後の一台まで」という取り組みと、行政やマスメディアなどの支援も大切である。

（2011年2月7日）

7. 安全情報をどう提供する

リコール・回収情報を一元化して横断的に検索できる「消費者庁リコール情報サイト」が開設され、リコール情報メールサービスもスタートした。リコール情報は消費者に速やかに届けられるべき情報であり、メールサービスの実施は評価に値するものだと思う。早速、メールサービスを受けるべく登録したが、送信されてくるメールをみて気になるところが見受けられた。

ほぼ毎日送信されてくるメールに「重要なお知らせ」とあるが、企業名・製品名のみで「リコール情報サイト」をクリックすることになる。しかし、詳しいリコール内容が不明なので「詳細はこちら」をクリックするが、重要だと考える「リコールの理由」が備考欄に記載されている状況だ。消費者にとってわかりやすく、そして、行動させる情報提供が望まれる。

安全に関わる情報（安全情報）は、リコール情報と安全を担保するのに必要な情報（警告・注意に関する情報）がある。リコール情報では「なぜリコールしたのか」といった理由が大切だ。たとえば、「火災のおそれ」「けがのおそれ」などが消費者に伝わると、消費者は自身を守ろうという行動すなわち当該企業に連絡しようとするものだ。また、警告・注意に関する情報は、使用者（消費者）にその内容を実行してもらうためのもので、警告・注意表示で代表される。リコール情報と同様、「なぜ注意しなければならないのか」という理由が大切であり、この理由が消費者に自らのために正しく製品を使用するといった行動をさせるのである。

リコール情報には、安全情報と法令違反などの安全に直接的には関わらない情報（その他情報）があるが、リコール情報サイトをみると、安全情報とその他情報が混在している。受け手である消費者のことを考えると、リコール情報は安全情報とその他情報を区分することが大切で、さもなければ、消費者は混乱すると同時に、情報の混在により関心が薄れ、結果として活かされないことになる。

安全情報は、むやみに発信すればよいというものではない。情報過多はマイナス効果をもたらすことを忘れてはならない。以前、警告・注意表示が多すぎるという批判があったが、リコール情報もリコール基準（重要度）を明確にし、消費者と共有化することが必要であり、必要最低限の安全情報を迅速に提供することが大切である。

いずれにしても、情報提供には、伝える目的、内容、対象を明確にし、そして、提供手段を選ぶことが大切である。安全情報は重要なものではあるが、消費者にとってもリコールなどはないに越したことはない。従って、安全情報の提供は、消費者目線でわかりやすくすることが不可欠であり、そして、企業が責任をもって徹底的に取り組むことが基本であるが、リコール情報は行政やマスコミなどの協力がなくてはならないと考える。

（2012年7月16日）

8. リコールを徹底するには

消費生活用製品による重大事故の報告が義務付けられた07年度以降、リコール対象製品による重大事故が毎年100件を超え重大製品事故の1割を占めている。この状況を踏まえ、消費者委員会は消費者事故未然防止のための情報周知徹底に向けた対応を建議、早急な対応を求めている。リコール情報の徹底がいかに重要でありかつ難しいかがうかがえる。

ISO／COPOLCO（消費者政策委員会）において、ISO10393「消費者用製品リコールガイドライン」の発行が近いと聞く。ISOに準拠したJISZ26000「社会的責任に関する手引」には、企業の社会的責任として「消費者の安全衛生の保護」があり、「全てのリスクを予測したり排除することは不可能なため、製品回収及びリコールのための仕組みを、安全保護策に盛り込むべきである」とある。

一方、JISS0104「消費生活用製品のリコール社告の記載項目及び作成方法」が08年に制定されているが、あまり活用されているように思えない。以前、製品リコールの制度化について述べたが、ISOやJISなどの社会規範に準拠して、リコール情報を周知徹底し、消費者被害をなくすことが期待される。

昨年4月に消費者庁が開始した「リコール情報メールサービス」に登録した。ほぼ毎日のように送られてくるリコール情報の多さと多様さに驚かされる。どれだけの消費者が登録しているかは把握していないが、周知方法に加えて、リコールの基準・方法の策定や見直しが必要だと思う。まず周知方法だ。建議にもあるように、消費者の情報入手方法の変化も考慮し、製造事業者はもちろん販売事業者による周知徹底が大切であり、行政機関を通じての周知も重要である。ネットによる周知を研究する必要もあるが、マスコミとの連携や各世帯に配られる地方自治体の広報誌なども有効な手段の一つといえる。

次に、情報の受け手である消費者サイド、すなわち、リコールの多さと多様さによる関心度の問題だ。情報は多くなれば、関心が薄まり伝わりにくく行動に結び付かない。それ故に、リコール実施基準を明確にし、それに基づいた明確な周知方法が重要となる。重大事故につながるリコールと、法令違反であるが事故に至らないリコールは区分し、事故に至らないリコールはむやみな訴求を避けるなど、リコール情報の周知についても整理すべきだ。

そして、消費者に何を伝えるかである。リコールの目的は消費者被害の回避であるが、リコールの真意が消費者に見えていない場合が多い。たとえば、発火事故の場合、「発火のおそれ」ではなく「発火により火災に至った」というような結果（リコール理由）までの訴求が望まれる。リコール情報の周知は、消費者に受け止められ行動につながってこそ意味があり、いま求められている「コミュニケーション」の実践である。

（2013年4月5日）

第6章
苦情対応の基本

1. 相談と苦情はどう違うか

消費者からの相談や苦情は、消費者の企業に対する積極的な働きかけである。相談は消費者に提供される製品やサービスについての相談や問い合わせで、苦情は製品やサービスそして企業に対する不満でクレームともいわれる。

企業が問い合わせも含めた相談や苦情への対応について、どうあるべきかを考えるとき、相談と苦情の違いを考えることが重要である。消費者部門担当者に聞くと、相談対応は特に難しくないが、苦情対応は大変だとの回答をよく聞く。しかし本当にそうなのかと思う。

まず、相談や問い合わせも、製品やサービスについて不明な点があるから起こる行為である。従って、ベースは苦情と同じであると考えるべきだ。大きな違いは、申出者（消費者）がその時に抱いている感情・気持ちの違いである。そして、その消費者の感情・気持ちは一人ひとり大きく異なり、また変化するものだ。

たとえば、ある製品が購入後半年で故障したとしよう。一人の消費者は、メーカーに「修理してほしい。どこに依頼すればいいのか教えてほしい」と問い合わせをしたとする。もう一人の消費者は「半年での故障は欠陥だ。すぐに修理しろ」と怒鳴った。前者は修理に関する相談であり、後者は苦情に分類される。この場合、客観的にみると両者とも「半年で故障した」という点で共通しており、従って相談も苦情も基は同じで、異なるのは申出者の感情だけである。このことをしっかりと認識しケアすることが大切だ。

次に、気をつけなければならないことは、これまで相談や問い合わせといってきたものも、実は苦情だということである。なぜなら、先ほどの「修理してほしい」というケースを考えると、故障しなければ修理相談をすることはなかったはずだ。消費者の心の奥底には「不満」という気持ちがあるはずで、その申出者がその気持ちを表面に表わさなかっただけにすぎない。

では、どのように対応すればいいのか。まず、消費者（相手）の立場に立って、気持ちをキャッチする必要がある。次に、消費者視点の対応方針・対応ルールを策定して実践する。対応方針やルールの策定には、苦情対応マネジメントシステム規格（ＩＳＯ／ＪＩＳ）を参考にするのが得策だと思う。対応方針を全社に徹底し、それに従って対応することを基本とするが、個々の消費者の置かれている状況や経緯を考慮することも、消費者対応において非常に重要なことと考える。もちろん、基本を大きく逸脱することは認められないが、消費者の立場や気持ちを考慮しないことは問題だ。

対応方針やルールとのギャップが発生したときは、どうすればいいのかという疑問が生まれる。その答はその時代の社会常識に基づくべきであり、そのためにも、消費者部門は日々「社会」を学ぶことが重要である。

（２００９年11月２日）

2. 苦情対応の原点を考える

不当な要求には毅然（きぜん）として対応しているが、解決に至らず苦慮することが多いという話を先日も聞いた。その昔、消費者問題が社会問題化するにつれて、苦情処理対応が注目されるようになってきた。当時の苦情処理担当者の中には、苦情申出者の要求に対して特別に対応して解決にこぎつけるなど、公平性が気になる処理も見受けられた。そのような状況を憂慮して、苦情処理には毅然とした対応が必要と考え推進したことを思い出す。

しかし、毅然とした対応が、先入観や一方的な企業論理に基づく判断によるものであってはならない。解決に至っていない苦情の多くが、企業側の一方的な判断に基づくのではないかと危惧するところだ。また、苦情申出者と対峙したままでは、消費者部門として由々しき問題だ。苦情は処理するものではなく、解決するものである。

以前、相談と苦情とは、本質は同じで、違いは「感情」だけであると述べたことがある。そして、苦情には、組織として「毅然とした対応」が基本であり、公平性・客観性にのっとり対応しなければならないが、「感情」すなわち「心」の面での対処も不可欠だ。

まず、なぜ苦情になったのかを考える必要がある。苦情の基本構図は、製品やサービスを購入・使用する前の期待と現実とのギャップ（期待に反する）に、消費者の「不満」という感情が加わったもので、苦情は個々の消費者によって異なるものだ。従って、苦情対応には、苦情申出者の気持ちを理解（共感）することが重要である。

加えて、苦情には、不満という感情（立腹）とは別に、不当な金品要求、執拗な行動（自己顕示）、激情的性格など、個別の意図や申出者の性格などが介在することもある。このような場合こそ、苦情そのものを冷静に見極め、毅然として組織対応を実践することが大切だが、苦情申出者には「正しい行為」「当然の要求」をしているのだという意識が根底にあることを忘れてはならない。

苦情対応は、苦情申出者に対し先入観や偏見をもたず、苦情内容を傾聴し、申出者の置かれている状況や経緯の理解に努めることだ。そして、社会的視点から判断すなわち客観性・公平性の原則にのっとり対応案を組織として決定しなければならない。そのためには、日頃から社会とコミュニケーションを図り、社会的視点を学ぶことが大切だ。

最終的には、苦情申出者に対応案を説明し理解されること（説明責任）が求められる。では、どうすれば理解してもらえるか。それには、申出者と同じ土俵に立ち、「なぜ苦情となったのか」を共に考えることだ。そして、当事者として責任をもち誠実に「なぜこのような対応案になるのか」を論理的に説明することが重要である。苦情申出者と対峙したままという姿勢はもちろん、弁護士に全面委任するのも責任回避につながると思う。

（２０１２年７月２日）

3. 相談員に必要な能力とは

先日、ある企業の相談窓口に関する苦情を聞いた。リモコンが壊れたので相談窓口に電話したところ、「リモコンは部品なので、リモコン（部品）の部品は販売していない。新たにリモコンを購入してほしい」との説明。納得できず苦情をいったところ、部品供給できることが判明し入手できることになった。

相談員にとって大切なことは何か。「相談対応力」と相手を思いやる「心」だと思う。相談対応力とは、①応対スキル、②社会常識、③提供している製品・サービスに関する知識（専門知識）である。

応対スキルには、話し方や言葉遣いなどのマナーの領域、申出内容を正しく受け止める傾聴力、わかりやすく説明する表現力の領域がある。これらは相談員個人に帰するところが大であるが、研修などで比較的短期間にアップすることができる。

次に、社会常識といわれる領域で、関係法令など社会規範をはじめとする一般知識を正しく備えていることだ。ただ、具体的にどこまで具備すべきかの判断は難しいが、消費生活アドバイザー資格試験で要求されているレベルがわかりやすいので、資格取得も相談員に必要な社会常識の確認方法の一つだと思う。

そして、専門知識である。相談員の説明内容に不適切なところがあれば由々しきことだ。なぜなら、相談や苦情は製品・サービスに関連して発生しているからである。専門知識は製品・サービスにより異なると同時に、製品・サービスの進歩に伴い専門知識も高度化し、相談員にも高度な専門性が要求される。そして、専門知識の習得には時間も含め多大なコストが必要である。ＩＴ導入など相談対応のシステム化が可能という一面もあるが、それにも限界がある。やはり、相談員自らが習得している知識に基づく迅速な対応が、消費者に理解と感動を与えることも事実だ。

では、相談対応力の確保はどのようにすればできるのか。もちろん、相談員自身による能力アップへの取り組みが必要だが、相談窓口の環境づくりも重要である。環境づくりとして、ＩＴによる相談対応システムの充実強化や相談員研修などのサポートが考えられるが、忘れてはならないのがモチベーション向上策としての相談員評価である。具体的には、相談対応力に基づく「評価システム」の構築であり、評価項目・基準の策定である。また、相談部門のアウトソーシングを否定するものではないが、アウトソーシング部門への専門知識を含めた評価システムの導入が不可欠だ。

相談員は企業を代表しており、相談者（消費者）に満足いただくことが最も重要な使命である。それ故に、相談員のＥＳ（従業員満足）が大切であり、評価システムの開示や運用の公平性を担保することが不可欠だ。ＥＳ確保の結果、相手を思いやる「心」も生まれ、ＣＳ（お客様満足）につながるものと信じる。

（2011年9月5日）

4. 消費者対応にRM手法を

最近、苦情の特徴の一つに、消費者の執拗でかつ不当な要求が増加していると聞く。いろいろな要因が考えられるが、消費者の権利意識や消費者のこだわり、企業の不祥事や多発する安全問題による企業不信、従前からの消費者対応のあいまいさに起因するものなどがあると思う。いずれにしても苦情対応はますます難しくなっている。

一方、企業が消費者対応により評価されるのも事実であり、それ故に、消費者対応に対する考え方をしっかり持つことが大切だ。今後は個々の消費者満足や対応スピードに加えて、広く社会から支持される消費者対応が望まれる。

そのために、リスクマネジメント（RM）手法が有用だと考える。リスクとは事業の目的を阻害する「不確実性」と定義され、リスクマネジメントは、リスクアセスメント、リスク対応、リスクコミュニケーションで構成される。企業経営には、製造物責任や情報漏洩（ろうえい）などの経営リスク、地震や火災などの災害リスク、戦争や為替変動などのリスクがあり、消費者部門には経営リスクとして消費者対応や製品安全に関するリスクなどがある。

まず、リスクを分析し評価するリスクアセスメントである。消費者対応でのリスクすなわち「苦情」を要因で分析すると、権利としての要求、単なる金銭的要求、正義感からの苦情などで、これらを評価し苦情への対応を考えることが重要だ。製品安全のリスクでは、消費者がどのような使い方をするか、誤使用も含めリスクを把握し評価する必要がある。また、実際に発生した事故に対する場合も、原因を分析することが重要で、消費者部門もリスクアセスメントに大いにかかわるべきだ。

リスクを把握し分析・評価することにより、「リスク対応」が可能となってくる。リスクへの対応方法をマニュアル化すれば、組織として高品質の苦情対応ができるとともに、事故の未然防止につながり広く消費者から信頼されることにもなる。先日、苦情対応を弁護士に委任するとの話を耳にした。法的アドバイスを受けることは必要だが、安易な弁護士委任には違和感を抱いてしまう。少なくとも苦情申出者の反感をかうだけだ。消費者部門として、執拗で不当な要求だと判断するのであれば、法的にも裏付けられた組織対応を「リスク対応」として毅然と実践することを期待する。

そして、リスクコミュニケーションである。技術そして製品・サービスが一層進化している状況において、製品安全をはじめとした情報提供や消費者との情報共有化の重要度が増していることも忘れてはならない。

消費者対応は、消費者視点での対応が基本ではあるが、リスクマネジメント手法を活用してマニュアル化することが重要だと思う。そして、研修などを通して徹底し、公平かつ客観的な対応に取り組み、「安全・安心」を提供することが望まれる。

（2010年11月1日）

5．社長宛苦情をどう考える

以前、「拝啓社長様」「社長を出せ」などが話題になったが、苦情や意見などを企業のトップである社長に直接伝えたいという行動の表れである。電話や書簡などで寄せられ、その件数も増加しているように聞く。

昨今、ほとんどの企業が消費者窓口を設置しているにもかかわらず、なぜ、社長宛に苦情などが寄せられるのか。製品やサービスについてトラブルが発生したとき、消費者は当該企業または関係する相談窓口に申し出てトラブルを解決しようとし、社長に苦情を申し出ることはほとんどない。消費者が社長に苦情を申し出る場合の多くは、一次対応に満足できないケースで、その意味において、企業は社長宛苦情を深く受け止めるべきだと思う。

ところが、なぜ社長宛に苦情が来るのかと訝ったり、不満に思ったりする傾向があるようだ。社長宛苦情は、強い不満や怒りに起因するものだが、いま一つ忘れてはならないのは、社員にとって社長はトップという特別な存在だが、消費者には社長は企業の意思そのものであるということである。それ故に、社長に確認したいという意味で社長宛苦情となるのだ。ただ、不当要求を達成させるために、社長宛苦情を申し出る消費者もいなくはないが、その対応も後述の基本原則の通りである。

相談窓口に申し出ても納得できないから社長宛に苦情をいうのは、少なくとも、その企業にまだ期待しているという証しである。苦情を分析すると、不当要求や理不尽な要求が全くないともいえないが、申出者は要求の根底で「自分が正しい」と信じているのである。

社長宛苦情に対してどのように対応すべきか。まず、申出者の真意を把握することが重要である。苦情の多くは感情的で真意を理解することが困難なケースも多いが、消費者窓口（部門）は、苦情を素直に受け止め、公平性・客観性に基づいて対応することが重要だ。加えて、社長宛苦情には社長からの指示や報告は不可欠で、組織（企業）として対応することが基本である。消費者部門のみでの判断は避けるべきだ。

先日も、同じ申出者から再度社長宛に苦情が入ることがあると耳にしたが、由々しきことだと思う。苦情申出者の要求を安易に受け入れるのは問題だが、公平性・客観性を基本原則として、誠意をもって社会的・論理的に対応することにより、申出者が納得されることを幾度となく体験してきた。もちろん、透明性も忘れてはならない。

いずれにしても、社長宛の苦情や意見は、消費者に見限られていないどころか期待されている証しであると認識すべきだ。そして、苦情の真意（本質）をしっかり受け止め、企業として真摯に対応し、改善すべきは改善することが重要である。苦情は「企業を前進させるもの」と前向きに捉えることが大切であり、その機会を与えられたと感謝してもよいと思う。

（２０１１年４月４日）

6. 弁護士との関係を考える

企業における苦情対応の現状を聞くと、対応困難な苦情に消費者部門として苦労しているとのことだ。その中で、気になったことは苦情対応の弁護士委任である。苦情対応担当者が苦情申出者との直接対応を避けて弁護士に全面的に委任するというものだが、苦情対応を安易に委任することは避けるべきだと考える。

消費者苦情は、製品やサービスに対する不満が原因であるが、不満の解決を企業に期待しているから苦情を申し出られるのである。それ故に、企業として、苦情に対して誠意をもって対応すべきであり、たとえ顧問弁護士であっても苦情対応を委任することは、申出者には企業が苦情の解決から逃げていると判断される。

にもかかわらず、弁護士に対応を全面委任されるケースが見受けられる。弁護士に委任するのはなぜか。その理由は、苦情内容が不当と思われる、苦情申出者が執拗である、身の危険を感じさせる消費者であるなどで、法的に対応が困難であるのではなさそうだ。弁護士が代理人として対応すると、苦情申出者は一瞬躊躇されることもあるが、逆に反発されて解決が遠のくことも少なくないと思う。いずれの場合も不快の念をもたれる。なお、身の危険を感じるときは警察との連携を考える方がよい。

もちろん、苦情に対して誠意をもって対応しても解決に至らず、苦情申出者から訴えられるというケースがある。その場合は弁護士に委任することになる。また、苦情解決の方法としてＪＩＳＱ１０

003にあるADR（裁判外紛争解決手続）もあるが、企業サイドからは受身の方法だ。

対応困難な苦情に企業として直接対応するには、苦情に対する姿勢（方針）を明確にする必要がある。苦情対応の基本は、社会的にみて「正しい対応」であり、毅然とした、そして組織としての対応でなければならない。そのためには、消費者関連法規をはじめとした苦情対応に関する専門知識の習得に努めることが大切であり、弁護士との連携や相談そして苦情の事例研究を含む関連法規研修会などが不可欠である。

また、苦情対応には専門知識以外にも学ぶべきことがある。苦情の原因には、客観的な事象（不具合）が根底にあるが、苦情として表面化する要因は主観的な事象（感情）である。従って、苦情対応担当者として「なぜ苦情になったか」「何を期待されているのか」をキャッチする力が重要だ。それには心理学的要素やコミュニケーション技術の習得も必要となってくる。

いずれにしても、「なぜ苦情に対応するのか」を考えるべきであり、消費者からの信頼を得ることが目的だと考えると、安易な弁護士委任は考えられない。それも苦情対応が困難であるという理由は本末転倒だ。苦情に対応するには、まず苦情申出者とコミュニケーションをとり誠意を直接伝えることにより、信頼の確保に努めるべきである。


（2011年11月21日）

7. 裁判外紛争解決を考える

裁判外紛争解決手続の利用の促進に関する法律（ＡＤＲ法）が07年に施行され5年が経過。同法に基づき法務大臣に認証されたＡＤＲ機関が民事上の紛争解決に取り組まれている。先日、その一つである公益社団法人総合紛争解決センターの11年度申立受理・終結状況を聞く機会があった。

同センターは、民事上のあらゆる紛争解決に利用でき、和解あっせんと仲裁の2つの手続がある。弁護士のほか紛争内容に応じた専門家が和解あっせん人や仲裁人として関与し、公正・迅速・低費用で解決が得られることをめざすとしている。11年度終結案件の30％が和解・仲裁成立であった。トラブルが複雑・多様化する現代社会において一定の評価ができると思う。

申立受理・終結状況の報告のあと、成立案件に関与された和解あっせん人から、成立案件の申立、和解あっせんの経緯、和解内容のポイントなどについて説明された。各分野の専門家が、ボランティア精神にのっとり和解あっせんに対して真摯に取り組まれた賜物だと思うとともに、ＡＤＲの存在意義も感じた。

消費者苦情をはじめトラブルは、好まれて発生するものではなく、当事者がそれぞれの立場で自己主張することから始まり、感情をエスカレートさせたものだ。従って、当事者双方ともトラブルの解決を望んでいるといっても過言ではない。ただ、自らの要求は絶対に通すという思いと、相手の立場を理解する配慮の欠如が横たわっているのだ。

和解あっせん人の経験談に消費者問題に関する紛争はなかったが、当事者双方の主張をよく聴き、双方の立場を理解したうえで和解案を提示し、双方が納得して和解成立に至ったとのことだ。トラブルに感情が影響しているとすれば、第三者である和解あっせん人が双方の主張や立場を理解して和解あっせんすることは意味あることであり、当事者間の感情のもつれを解く一つの方法である。もちろん、裁判による判決を望むのであれば別問題だ。

一方、ＩＳＯに準拠してＪＩＳＱ１０００３「品質マネジメント―顧客満足―組織の外部における紛争解決のための指針」が制定されている。もちろん、企業は苦情に対し真摯に対応して解決することが重要であるが、苦情そのものが感情に起因することや、企業の不祥事などによる企業不信から当事者間での解決が困難なことも少なからず存在する。

以前よく耳にしたことに、苦情申出者が企業に対して「消費者センターにいうぞ」などといったセリフである。一部の苦情申出者の常套(じょうとう)手段といえばそれまでかもしれないが、企業に透明性を求めているのだ。企業として苦情対応から逃げることは許されないが、ＪＩＳＱ１０００３がいうＡＤＲの存在を知らしめ対応することは意味がないわけではない。消費者にＡＤＲ対応を告知することも「消費者志向経営」の一方策だと思う。

（2012年6月4日）

第7章

消費者志向の醸成

1．消費者視点で考えるとは

先日も「消費者視点で考える」という言葉を耳にした。消費者視点・目線は、消費者問題とりわけ問題の解決において重要なキーワードだと思う。しかし、現実の消費者問題をみていると、消費者視点・目線で考えられているのかと疑問に感じることが少なくない。消費者視点で考えるとはどういうことかを考えるべきで、さもなければ、単なるかけ声に終わり、何も解決しないと思う。

まず、「消費者」をどう考えるかが大切である。消費者は十人十色で、価値観も行動も多種多様であるが、消費者行動を分析すると、自分本位で不注意な行動もするのが消費者であることがわかる。これが消費者の本質であり、人間である所以である。

次に、消費者は専門知識や情報を十分持ち得ないという現実がある。消費者は個人であり、それに比べ、企業や行政は組織で、高度なそして多くの専門知識や情報を有している。消費者教育の重要性が叫ばれているが、自ずと限界がある。

そして、消費者視点の重要な要素は消費者（相手）の立場に立つ心構えである。企業人として消費者問題・被害に対峙したとき、自分が消費者（被害者）であったら、どう考えるかを自問するべきだ。

企業人がよく「私も家に帰れば消費者」というが、大切なことは具体的な事柄において相手の立場で考えることだ。

昨年、ＩＳＯ２６０００が発行されたが、その中にもコミュニケーションの重要性が挙げられている。消費者との対話を積極的に行い、消費者が具体的に何を期待しているのかを把握することが必要であり、苦情相談の分析なども一つの方法である。

たとえば、製品事故の場合、消費者自身は通常使用で不注意があったとは思っておらず、製品において安全が確保されていると思っていることが多い。この消費者の気持ちを理解すれば、消費者に不注意があっても重篤な事故に至らない製品開発、すなわち、限りなく絶対安全をめざすことが大切だ。また、契約内容を十分理解せず契約を締結するという行為も、消費者が悪いと突き放すことに疑問を感じる。消費者にわかりやすく、若干の不注意があってもトラブルの発生しない契約内容・方法が望まれる。

消費者行政においても、安全情報の提供がホームページ中心に行われているが、消費者行動をみれば、不十分なことは明白である。マスコミや地方自治体と連携した対応を積極的に展開すべきであり、地方自治体の広報誌の活用も一つの方法だ。消費者問題は待ってくれないのである。

いずれにしても、「消費者視点で考える」というキャッチフレーズの発信のみでは何も解決しないと思う。いまこそ、消費者の本質を理解し、対話などを通して消費者の気持ちや行動を把握して、消費者の立場に立ち、消費者問題の根本的な解決に向けて具体的対策を講じるべきである。

（２０１１年６月６日）

2. 消費者の目線で行動する

また、新たな安全問題が発生している。それもグローバルな問題であり、その対応に批判が起こっている。批判の一つが記者会見での「感覚の違い」との説明に対するものである。消費者の目線の重要性が叫ばれている中での発言であり、これこそ感覚のズレと言わざるを得ない。

この発言を聞き、ずいぶん以前に聞いたある企業の技術責任者の話を思い出した。昔から何か事件が起こると、よく耳にする言葉に「うちの子に限って……」がある。技術者は自ら開発した製品に絶対的自信を持っているものであり、また自信を持てないような製品を市場に提供しているようでは問題である。技術者は製品に問題があると言われると、まず防御しようと発言をしてしまうものであり、それぐらい製品に自信を持つぐらいでないと困る。技術者の気持ちもわからないでもない。しかし、その製品に安全を預ける消費者の立場からすれば納得できない発言である。では、技術者はどう行動すべきか。ただ粛々(しゅくしゅく)と技術的に説明するにとどめるべきであり、今回の記者会見には不向きかもしれない。

消費者問題、特に安全問題は、組織対応が不可欠である。今回の場合であれば、当初からトップが対応すべきだったと思う。技術的に詳しい責任者でなければ対処できないともいわれるが、その説明を聞くのは技術に詳しくない消費者である。トップが理解して説明すべきであり、その方が理解されやすい。いずれトップが会見することになり、それまで逃げていたように社会から見えてしまう。

しかし、トップがその判断をするには日常的に「消費者の目線」を理解していることが大切である。消費者の目線や社会感覚について、トップをはじめ社内に醸成する役割はだれにあるのか。やはり、消費者部門でしかない。日ごろから、消費者からの相談や苦情を通して社会（消費者）と接しており、消費者行政や団体とも接点を持つ業務を担当しているからであり、そうであらねばならないと思う。

トップが遠い存在であるという企業の消費者部門がある。トップはマイナス情報を聞きたくないのではなく、あってほしくないということである。マイナス情報があるにもかかわらず、耳に入ってこないのは重大な危機である。企業が永続的に存続していくためには、マイナス情報を素早く、そして正しく対応していくことが不可欠であり、トップは一番願っているはずである。

消費者部門がトップに対し苦言を呈することは、一朝一夕には困難なことも事実である。すべての経営者が消費者問題に関心があるとは言えない。従って、常に苦情をはじめとする消費者の声を報告することはもちろんであるが、社会の動きをトップにインプットすることが重要である。消費者行政や団体との連携もそのためであり、各種セミナーや研究会の参加など社会との連携強化が望まれる。

（2010年3月8日）

3. 社員研修に消費者問題を

消費者庁の発足など、国は消費者行政の一元的推進に取り組んでいるが、企業の不祥事や安全問題そして悪質商法など消費者問題は続発している。また、消費者保護から転換され、消費者の自立が求められているが、現実的にはかなり難しいといわざるを得ない。

消費者の自立には、消費者教育・啓発を積極的に展開することが望まれるが、消費者問題の解決には、もう一方の当事者である企業（事業者）に期待されるところが大である。すなわち、企業が消費者の立場に立ち製品やサービスを提供することだ。消費者志向経営にはトップマネジメントの意思が不可欠だが、社員一人ひとりの活動や行動が消費者志向であるか否かがより重要だと思う。故に、社員教育・育成が非常に重要な経営ファクターである。

消費者問題が社会問題化した昭和40年代以降、社員研修において消費者問題が取り上げられた記憶があるが、近年では消費者問題を積極的に取り上げられている話を耳にしない。「お客様第一」が標榜されるなど、消費者問題が重要な経営課題であるにもかかわらず、社員研修に取り上げられていないとすれば憂慮すべきことだ。消費者問題を理解することは全社員にとって必要であり、継続的かつステップアップしていくことが大切だと思う。

社員研修方法には、消費生活アドバイザー資格取得の推進やそのための社内研修の実施、また、ＯＪＴなどがあるが、日々変化する消費者・消費者問題を研修に反映させながら、全社員を対象に考えると、全社員必須かつ継続的な研修システム（体系）の構築が必要だと考える。

次に、研修内容の問題である。まず、消費者問題とは何か、そして、どのように対応し、解決に取り組むべきかについて体系的に学ぶこと。加えて、「消費者」を理解することが不可欠である。消費者は多種多様であるが、その本質は自分本位であり、不注意な行動をする側面もある。これらを考慮することにより消費者志向経営の一翼を担うことができるのである。そのためには、消費者問題に携わっている社外の専門家を講師に招聘しての研修（講演）も効果的だと思う。

組織（企業）人は、時間の経過や物理的な距離によって消費者像が見えにくくなるものだ。だからこそ、継続的・システム的に研修を受けることが大切である。また、消費者問題を理解するには「感性」が必要だが、感性を身につけるためにも消費者の声を聞くことが重要だ。

社員研修に消費者問題を取り入れることは、消費者対応の向上に活かせることはもちろん、消費者の声を把握できる意味においてマーケティングであり、情報開示が要求される意味でコンプライアンスである。すなわち、経営全般の改革につながり、不祥事や安全問題の未然防止にもなる。その結果、消費者・社会から信頼を確保できると考える。


（２０１１年５月２日）

4．消費者問題の専門家とは

戦後、経済が高度成長を遂げる中、深刻な消費者問題が多発、68年5月に消費者保護基本法が制定され、消費者行政の基本的枠組みが定められた。この流れを受け、通商産業省は「消費者と企業のかけ橋」として消費生活アドバイザー制度（80年度）をスタートさせた。

現在、この制度は、内閣総理大臣および経済産業大臣の事業認定を得て、㈶日本産業協会（試験実施団体）が実施する技能審査に合格し一定の要件を満たした者に「消費生活アドバイザー」という称号が付与され、㈶日本消費者協会が養成する消費生活コンサルタントとともに、㈳日本消費生活アドバイザー・コンサルタント協会を組織している。資格・団体として、㈱国民生活センターが付与する消費生活専門相談員や自治体等の消費生活相談窓口の相談員で組織する㈳全国消費生活相談員協会もある。

企業サイドには、消費者部門の責任者・担当者等で組織されている㈳消費者関連専門家会議（ACAP）がある。80年10月設立で消費者・行政・企業相互の信頼構築に向け、各種研修や調査、消費者啓発に取り組んでいる。ほかに、企業で働く女性が生活者と企業のパイプ役としてよりよい仕事をするため、自主的に活動している日本ヒーブ協議会が78年に設立されている。もちろん、消費者問題に取り組んでいる弁護士や学識経験者も消費者問題の専門家であり多種多様である。

ここで「消費生活アドバイザー」を通して専門家の要件と役割について考える。消費生活アドバイザーの役割は、消費者問題を正しく理解し、適切に解決し、その情報を活かして社会の発展に寄与することであり、資格取得はゴールでなくスタートだ。時代とともに変化する消費者問題や消費者意識、消費者関連法規などを敏感に捉え、企業・消費者団体・行政・個人の立場で、積極的に活動して社会に貢献することが望まれる。企業人であれば、消費者動向や苦情そして消費者関連法規などを日々学び、消費者目線の消費者対応を率先垂範し製品・サービスを改善して、企業の消費者志向を推進することである。

以前、消費生活相談員をしている消費生活アドバイザーが、「企業は悪」といわんばかりの発言をしたが、お互いにコミュニケーションをとり、問題点があれば指摘し改善を要求すべきだ。問答無用の考え方は専門家としての感覚を欠くと言えよう。決して先入観をもって判断や行動はすべきでない。また、「ボランティアだから許される」という感覚にも違和感を覚える。消費者問題の専門家としてプロ意識と社会的責任をもつべきで、消費者団体活動でも同じだと思う。

消費生活アドバイザーを含め消費者問題の専門家は、変化する消費者問題にアンテナを張り、日々謙虚に学び、消費者（相手）の立場に立って、積極的に行動することが大切で、受動的な態度は許されない。

（2010年8月2日）

5. 消費生活アドバイザーとは

過日、企業における消費生活アドバイザーの役割について講演する機会があった。消費生活アドバイザー制度は、80年に「消費者と企業のかけ橋」として創設されて早や30余年が経過し、資格取得者も累計1万人を超えている。

消費生活アドバイザー有資格者は、行政、企業そして消費者団体において、消費生活相談員をはじめさまざまな部門の担当者・責任者として活躍されている。しかし、残念ながら「消費生活アドバイザー」という資格は見えてこず、消費生活アドバイザー資格の存在がまだまだ知られていないように思う。

確かに、行政の相談窓口では、消費生活アドバイザー資格を相談員の条件の一つにされているが、企業においては、相談員の場合でも必要な資格とはなっていないのが実態である。消費生活アドバイザーは、消費者関連業務に有効な資格と考えられるが、現実の処遇（扱い）には厳しいものがあるといわざるを得ない。

資格取得試験の受験講座で実感することに、資格取得に向けて勉強されている受講者には消費者問題への熱意と力強さを感じるが、資格取得者をみると、年月の経過とともに受験当時のような熱意と力強さを感じられないこともある。消費生活アドバイザー資格の取得はゴールではなく、スタートであることを忘れてはならない。

また、企業在籍の消費生活アドバイザーの声に、「消費者部門でないので、直接的に関係しない」「資格を活かす場面がない」「資格を取ったあとも評価が変わらない」などがある。もちろん、企業（経営層）が消費生活アドバイザー資格を認知して人事に活かしていくことを望むところであるが、消費生活アドバイザー自身も認めてもらう努力が必要だ。

消費生活アドバイザーは、自ら発言・行動しなければ、資格を活かすことができないと考える。そのためには、消費生活アドバイザーは、①自らの資格を意識する、②社内外のコミュニケーションに取り組む、③担当業務において消費者視点（目線）を実践することに取り組むべきである。消費者の本質を理解し、コミュニケーションを通じて消費者の気持ちや行動を把握し、消費者の立場に立って担当業務において具体的に反映させることだ。この取り組みが、担当業務の成果そのものにつながり、社会の健全な発展に貢献できるのだと思う。

いずれにしても、消費生活アドバイザーは「かけ橋」であり、企業はもちろん行政の立場でも「中立」の立場を忘れてはならない。決していずれか一方に偏り過ぎるべきでない。消費生活アドバイザーは、変化する消費者問題や行政動向などを敏感に察知し研鑽すること、そして、消費生活アドバイザー間に加えて、消費者・社会とのコミュニケーションに取り組み広く交流を図ることが重要だ。消費生活アドバイザー活動のキーワードは「学びと交流」であると思う。

（2011年8月1日）

6. 消費者月間の意義は何か

来る5月、24回目の「消費者月間」を迎える。国が、消費者保護基本法（04年改正・消費者基本法）制定10年（78年）を記念して5月30日を「消費者の日」に、そして、88年に制定20年を記念して5月を「消費者月間」と定めたもので、消費者、事業者、行政が一体となって消費者問題に関する啓発・教育などの事業が行われてきた。

しかしながら、安全問題や契約問題そして企業の不祥事や悪質商法など、消費者の信頼を裏切るような消費者問題は依然として後を絶たない。それ故に、消費者月間の意義について、いま一度考えることが大切だと思う。

国（消費者庁）は11年度消費者月間の統一テーマを「地域で広げよう 消費者の安全・安心」とし、シンポジウムや政府広報によるPRなどを実施される。消費者の保護から自立への転換が明示された消費者基本法のもと、消費者問題のキーポイントは消費者の「自立の支援」だと思う。従って、行政の責務として、消費者に「自立」を促す活動を積極的に推進すべきと考えるが、少なくとも現状では見えてこない。たとえば、消費者が自立の重要性を認識できるように、消費者啓発・教育と区別して、マスコミ媒体を活用しキャンペーン的に発信することも方策としてあるのではないか。

また、消費者自身もこの月間を機会に消費者問題について学び、自らの消費生活をチェックすることが大切だと思う。そのためにも、消費者団体は行政と連携して消費者の自立をめざす消費者教育・

啓発活動に積極的に取り組むことが望まれる。

一方、事業者（企業）は消費者庁から協力要請を受け、多くの企業は何らかの形で消費者月間に関連した事業を実施されている。消費者啓発や消費者対応を関連事業として取り上げられているところを見受けるが、これらは通常の事業活動として行うべきことで、消費者月間では企業経営のすべての場面において、消費者志向すなわち消費者視点で判断し実践されているかを見直し、徹底する機会にすべきだと思う。

具体的には、経営トップの消費者月間メッセージの社内発信や月間告知ポスターの作成・掲示、外部講師を招いての社内シンポジウムの開催、担当業務の消費者目線見直しキャンペーンなど、業種や企業によりいろいろな行事が考えられる。消費者問題を意識した取り組みが不可欠であり、消費者に見える活動も必要だ。

いずれにしても、消費者月間は「消費者問題とは何か。その解決には何をなすべきか」を行政・企業・消費者団体そして消費者が考える機会にしたいものだ。企業をはじめ組織における消費者志向や消費者目線の取り組みは形骸化する傾向にある。消費者月間の意義（消費者の自立支援、消費者志向経営の推進）を明確にして具体的な行動をスタートすべきであり、意識変革につながらなければ意味がないと思う。

（２０１１年４月18日）

7. 消費者月間を契機とする

5月が「消費者月間」ということで消費者庁のホームページを開いてみたが、トップページに「消費者月間」に関するものはなく、「消費生活情報」の「消費者への普及啓発」として掲載されていた。消費者月間は、国が消費者保護基本法（04年改正・消費者基本法）制定20年を記念して88年に定められたもので、消費者行政にとって重要なものだと思う。

「消費者への普及啓発」に掲載されている内容をみると、消費者月間の説明のあと、「主な事業」として、「消費者支援功労者表彰等、消費者月間シンポジウムの開催、事業者・消費者団体・事業者団体・行政等による関連事業の実施」に分けて掲載されていた。ホームページにある内容ですべてとは思わないが、事業内容には落胆せざるを得ないものが少なくなかった。

国（消費者庁）が、消費者関連法令の整備を中心として消費者の自立支援に取り組まれていることは理解しているが、消費者問題の多様化・深刻化を考えると、消費者月間にこそ、地方消費者行政に先駆けて消費者の自立支援事業を推進されることが望まれる。たとえば、消費者教育・啓発事業としての消費者月間シンポジウムの全国展開やマスコミと連携した啓発活動などである。

また、消費者団体も、消費者月間を日々の活動を確認する機会として捉え、消費者啓発を兼ねた発表大会や地域密着型の消費者セミナー開催などが考えられる。もちろん、消費者の学ぶ心が大切であることはいうに及ばない。

一方、消費者問題の当事者でもある事業者（企業）にも、消費者月間を契機として消費者志向経営の推進に取り組むことが求められていると思う。しかし、消費者庁のホームページをみる限りにおいては、消費者月間に関連した事業を開示している事業者は少なく、取り組み内容も「これでいいのか」と思わざるを得ないものもある。

近年、経営環境が厳しくなるにつれ、消費者視点が軽視される傾向があるようにも感じられる。それ故、消費者月間の意義は何かを考え、企業として消費者月間を記念した事業に取り組むことが大切である。たとえば、社長による消費者志向経営を明確にした「消費者月間メッセージ」の発信、外部講師を招いての社内シンポジウムの開催や提言募集などだ。また、消費者部門は、専門部署として全社取り組みの事務局の役割を果たすとともに、相談業務システムやマニュアルなどの見直し、消費者情報フィードバックキャンペーンや消費者啓発活動の重点推進などが考えられる。

いずれにしても、消費者志向経営や消費者目線の取り組みは、日々の業務や活動から取り残される傾向にある。それ故に、消費者庁ができた今こそ、官民挙げて、消費者保護の視点も考慮しつつ消費者の自立支援を基本として「消費者月間記念事業」に取り組むことが不可欠だと思う。

（2013年5月25日）

第8章 情報収集と活用

1．消費者の声を活かすとは

製品やサービスの複雑・多様化や消費者意識の高揚により、企業に寄せられる相談や苦情は増加している。相談とりわけ苦情の増加は企業にとって困った事象として捉えられてきたが、近年「苦情は宝の山だ」といわれ、消費者の声（ＶＯＣ）を活用する動きが活発化している。ＶＯＣ部門の設置もその一つで歓迎すべきことだ。

相談・苦情が製品や取扱説明書の改善につながった事例が少なくなかったことを実務経験からも思い出す。相談や苦情からの改善はささいなことが多いが、非常に重要だと思う。ただ、消費者の声は「宝」だとしても、相談や苦情は宝石でいう原石であり、見つけることは難しく、また見つけたとしても磨かなければ宝石にならないのである。消費者問題において消費者の声を活かした事例として取り上げられる「シャンプーとリンスの容器のギザギザ」も採用には苦労されたと聞く。

消費者の声のすべてが宝か?という疑問が生まれる。なぜなら、無理難題の苦情もあれば、クレーマーと呼ばれる人からの不当要求、そして単なるささいな問い合わせも多くある。しかし、不当要求でも「火の気のないところに煙は立たず」である。お客様対応において企業として不十分なところがあったのか、少なくともつけこむすきがあったと考えるべきである。

ここで、消費者の声を活かすときの留意点を整理する。まず、相談者の価値観も違えば表現も千差万別であり、相談や苦情の内容もささいなことから重大なことまで混在していると認識することである。ただ言えることは、相談や苦情には直接改善につながるものもあるが、個々にあまり評価できなくても数量的には評価できるものもある。それ故にデータベース化が重要視されるのであり、価値のない消費者の声はないと考える。

もう一つの留意点は、受け手側の理解力・感性の問題である。同じ苦情でも受け手側で大きく異なる。たとえば、説明書通り使用せずトラブルが発生したとする。対応の一つは、誤使用が原因だとして終える方法であり、もう一つは、製品に改善の余地がないかと考えて、少なくとも調査する立場である。誤使用できない設計など、「フールプルーフ」「フェイルセーフ」の考え方である。リコール問題におけるブレーキが優先するシステムの義務化検討でも理解できる。

理解力や感性の習得には、消費生活アドバイザー資格取得の勉強も一つの方法であるが、消費生活を直視し広く社会と交流することが不可欠だと思う。そして、批判的思考の実践も忘れてはならない。しかし、企業内で批判的思考を実践することには困難を伴う。消費者の声を活かそうとすると、組織の防御本能すなわち抵抗が発生することがある。この抵抗の打破には、消費者部門の説得力の醸成に加えて、消費者リーダーや消費者問題の専門家に力を借りることも大切である。

（２０１０年４月５日）

2. 情報収集をどう考えるか

昨今、双方向コミュニケーションの重要性が指摘されている。コミュニケーションとは、情報の発信と受信により構成され、相手の意欲を引き出すことである。具体的には、何のため（目的）に、何（内容）を、誰（相手）に、どのように（方法）の4ステップだが、とりわけ、コミュニケーションの目的を明確化し、その目的の達成を期すことが重要だ。

企業にとってのコミュニケーションの目的は、消費者に情報を提供して何らかの行動を起こしてもらうこと、消費者の声（情報）を収集することの2つである。情報提供には、広告・宣伝を含めた製品やサービスに関する情報の提供があり、相談対応や啓発活動も含まれる。一方、情報収集は、マーケティング活動をはじめ、相談や苦情を通して消費者から直接入手するVOC活動などである。

消費者の声は、企業経営にとって重要であることには異論がないと思う。消費者ニーズに沿った製品やサービスを提供しなければ、企業は存続し得ないからだ。そのために、マーケティング部門があり、消費者ニーズを把握するためにマーケットリサーチなどが行われている。

消費者の声の収集は簡単なことではない。消費者の声は、個別的であり理解しにくいところもあり、また、VOC活動で「苦情は宝の山」と称されることもあるが、苦情のすべてが「宝」というわけではない。それ故に、相談や苦情に対応し分析するときは、消費者の立場に立ち、三現主義に基づき客観的に受け止めることが重要であり、相談担当者の資質や感性が問われるところだ。

次に、忘れてはならないのが、啓発活動での情報収集だ。少なくとも啓発講習会などに参加する消費者は学ぶ意欲をもち、その多くは自分の意見をもっているものだ。啓発講習会は、消費者の声を収集する絶好の機会であり、双方向コミュニケーションが効果的である。啓発活動を情報提供だけだと考えているとすれば、誠に惜しいことだ。

消費者部門に消費者の声を収集する役割があることを自覚しなければならない。なぜなら、消費者部門は消費者に最も近い部門であり、苦情をはじめとして消費者の生の声を聞く立場にあるからだ。それ故に、消費者部門は、誠実とコミュニケーション能力をもって、消費者の声を素直に聴くこと（情報収集）を実践しなければならないのであり、存在意義の一つでもある。

企業は、消費者・社会から信頼される存在であることがベースだが、信頼関係は一朝一夕にできるものではない。信頼関係の構築には、消費者対応をはじめ企業経営が誠実であると同時に、企業活動の見える化（説明責任）も不可欠である。具体的には、消費者の声が企業内でどのように活用されたのかなどを当該消費者も含め社会に開示することであり、サスティナビリティレポートは有効なツールだと思う。

（２０１２年10月15日）

3. 情報のフィードバックとは

消費者部門の役割について説明する機会があるが、気になることに「消費者情報のフィードバック」への認識がある。消費者からの相談や苦情への対応は重視されているが、消費者情報のフィードバックは意識されていないように感じる。しかし、経営層はじめ関係部門へのフィードバックがなければ、消費者問題の根本的な解決は期待薄だ。

消費者部門が入手できる情報は、大別して、相談や苦情などの情報と行政・団体動向をはじめとする消費者関連情報である。前者は受動的なものだが、後者は能動的に収集しなければ入手できないにもかかわらず、収集活動が軽視される傾向にある。消費者部門の役割として、積極的に取り組むべきだと考える。具体的には、アンケート調査や消費者懇談会による直接的収集、そして、消費者行政・団体とのコミュニケーション、講演会・セミナー参加やマスメディア・インターネットを通して収集する間接的収集だ。

次に、情報をフィードバックする手法が重要で、情報整理や定量化が必要なこともあるが、基本的には主観的な加工をしないことだ。ただし、「このような情報（苦情）がありました」では不十分で、情報を活かすために消費者部門（消費者関連専門家）としてコメントが必要であり、情報は活かされなければ意味がない。

苦情があったとき、苦情（事実）に加えて、苦情に対してどのように考えるべきかというコメントが必要であり、製品事故の場合も同様に、どのように対応すべきかが重要だ。たとえば、こんにゃく入りゼリー窒息事故に関して、消費者庁が製造事業者に対し製品改善を要請した。消費者部門として、この情報を迅速にキャッチして、的確に経営層などにフィードバックすることが大切である。そして、行政がこれまでの消費者への注意喚起にとどまらず、製造事業者に製品改善を要請したという「変化」を理解して、この変化の意味をコメントすることがポイントである。

できれば、消費者庁の見解発表前に、製品改善による安全確保の必要性を感じることが消費者部門に望まれる。それには消費者問題への感性が不可欠だ。感性とは「物事を心に深く感じ取る働き」で直感的なものといわれるが、自ら磨くことができると思う。そのためには、消費者の立場で考えることであり、講演会・セミナー参加、行政・団体・マスメディアとのコミュニケーションが大切である。

信頼関係の構築が叫ばれている現在、消費者情報の収集と活用が一層重要となっている。それ故に、消費者部門として、相談や苦情などの情報はもちろん能動的に収集した消費者関連情報を、適切なコメントとともに社内にフィードバックすることが重要である。そのためには、消費者問題への感性を磨き、情報を理解し、そして、情報の本質をフィードバックする勇気が大切だと思う。

（２０１１年２月21日）

4. 活用される情報提供とは

地上デジタル放送完全移行のこともあり、新たに液晶テレビを購入し自ら設置することにした。かんたんガイドと取扱説明書が同梱されていたが、かんたんガイドに従って操作することでセッティングが完了。分厚い取扱説明書をみる必要はなかった。

ところで、消費者問題は消費者と企業の格差とりわけ情報格差に起因するところが大きいと思う。それ故に、格差を解消する観点からも消費者への情報提供に企業が積極的に取り組むことが望まれる。ただ、情報提供には異論がないと思うが、提供する情報の内容（質）と量、そして、提供方法が課題であると考える。

まず、提供される情報が、消費者に必要であり理解しやすい情報であると同時に、企業が伝えたい情報と消費者が必要と思っている情報との一致という視点も大切であるが、残念ながら、現実にはギャップがあるといわざるを得ない。しかし、企業は消費者に製品やサービスを活用してもらいたいと思って提供しており、企業と消費者は同じ土俵に立てないはずがないと思う。

モノにはメリットがありデメリットもあるということを認識し、デメリット表示をはじめ情報の透明性確保に取り組むべきだ。そして、消費者にとって必要な情報とは何かを消費者とのコミュニケーションを通して把握すべきである。

次に、情報の量の問題である。ＰＬ法が制定されたとき、取扱説明書に警告・注意表示がやたらに多いという苦言が呈された。企業サイドに、警告・注意表示を免罪符のように考えていないと断言できるだろうか。提供する情報は、消費者視点で内容を吟味し整理すべきであり、多ければよいというものではない。

また、取扱説明書もこれまで通りでよいとは思えない。設置や使用方法であれば、かんたんガイドで、故障など困ったときは、知りたい情報が検索でき入手できるサポート体制があればよい。具体的には、Ｑ＆ＡやＦＡＱという手法を活用して、電話相談、ＦＡＸやホームページによる情報提供、そして、製品に同梱するコンパクトなＱ＆Ａ（印刷物）という方法もあり得る。

サービス関連も同様で、約款なども情報が多ければよいというものではなく、消費者には許容量というものがある。それ故に、消費者にとっての必要性ではなく、企業サイドの免罪符的と思える部分があるとすれば、改善すべきである。また、契約者への給付や支払いに関する事項でも、「支払います」「支払いません」を別々記載するのではなく、「支払います」欄にまとめるのも一つの方法だと思う。プラス情報に関心が高いのが消費者である。

製品やサービスにより異なるが、企業が消費者に情報を発信するときは、情報が消費者に受け止められ、消費者行動に影響を与えないようでは意味がない。情報提供には、消費者視点に立った情報表現であり、情報の量も整理されることが不可欠だ。

（２０１１年７月18日）

5. なぜ情報は届かないのか

先日、製品事故に関連して実施された調査結果をみる機会があったが、取扱説明書の安全上の注意があまり読まれていないと報告されていた。なぜか取扱説明書は読まれないのが一般的のようだ。製品は使用方法に左右されずに安全確保が望まれるが、消費者として「情報」すなわち守るべき注意の実践が必要である。

情報は受け手側に伝わり、受け手側の行動に何らかの影響を与えてこそ意味がある。企業や行政から発信された情報が消費者に伝わり、理解されて行動につながることが期待されるが、現実には消費者に届かず、たとえ届いたとしても消費者の行動に影響を与えていないことが少なくない。

では、なぜ消費者に情報が届かないのか。これには発信する側と受信する側の双方に問題があると思うが、いずれにしても情報は届かなければ意味がない。まず、発信する側は各種メディアを活用して届ける努力が不可欠。一方、以前にも述べたが、消費者は「自分本位」なのである。関心のないことは聞こえないし見えもしない。音として文字として情報に接したとしても、関心ないことは聞こえていないし見えてもいない。情報を提供する側は消費者の関心をひき認識されるプレゼンテーションに取り組むべきだ。

また、消費者は情報を認識したとしても、提供者の意図どおりに情報を理解していないことが多い。取扱説明書でもいえることだが、リコール社告で「……のおそれがあります」と記載されているが、受け手側の消費者は「自分のところでは起きない」と思いたいし思ってしまう。従って、「……がどこでどのような状況で発生したので、回収しています」というような具体的表現方法（事実紹介）が必要だ。すなわち、従前より消費者団体などが要求していた「具体的に」そして「その理由」の記載である。消費者に事故の重大性を理解せしめるためである。

取引問題でも同様で、最近よく話題になっている詐欺的事件も、消費者の多くは消費者トラブルのことを知ってはいるが、消費者心理として「自分は大丈夫だ」と思うものである。トラブル情報に現実味・具体性がないと、消費者は他人事にしてしまうものだ。被害の甚大さに加えて、身近な人でのトラブルなどを具体的に伝えることによって、自分のこととして理解することが可能となる。

消費者は、多くの場面で消費者問題に無関心であり、「自分は大丈夫」と自負していることが多い。それ故に、消費者に確実に届き、そして「共感」を誘うような情報提供が重要だと考える。また、企業・行政・マスコミが協力して、テレビ・新聞に一定の枠を設けて、「安全・安心情報」を提供することも必要だと思う。消費者への重要な情報提供にはいろいろなツールを活用するとともに、消費者の「共感」を引き出す表現・提供方法を研究することが急務だと思う。

（２０１０年11月15日）

6. 何のために表示するのか

消費者庁の「栄養成分表示検討会」において、栄養表示制度について議論され、健康・栄養政策を推進する観点から重要度が高いと考えられる栄養成分の選定や表示方法などについて、報告書のとりまとめが行われた。

食品の表示は、消費者が食品を選択する際の指標として大きな役割を果たしている。そして、栄養表示を役立てるためには、栄養の可視化をし、単に栄養成分の含有量を表示するだけでなく、消費者に表示内容に対する理解を促す表示方法の工夫が必要だ。また、サービングサイズあたりの含有量表示も課題とされている。

このように解決すべき課題のある「栄養表示」を選択の指標から一歩進めて、消費者が安全で健康な食生活を自主的に営むために不可欠なものと考えるべきである。消費者が栄養成分表示を理解し、健康な食生活に向けて積極的に行動しなければ、表示する意味がないと思う。それ故に、表示方法がより重要となる。

先日、缶ビールの栄養成分表示をみると、「100㎖あたり」とある。ところが、缶の容量は350㎖である。通常、缶ビールは1缶、2缶という単位で飲む。3・5倍にしなければ即座に栄養摂取量がわからないのは不親切だ。他の銘柄との比較のために100㎖あたりが記載されているのかもしれないが、購入するときや飲むとき一瞬にしてエネルギーなどがわかることが大切だと思う。

栄養表示の方法は食品により異なるが、缶ビールであれば１缶あたりの栄養成分、食パンだと１枚あたり、菓子類など小袋になっているものは１袋あたり、調味料などは大さじ１杯（15ｇ）あたりなど、使用実態にあった栄養成分表示を整理・徹底し、消費者にわかりやすくすることが重要だ。加えて、生鮮食料品においても栄養成分表示が必要だと思う。レストランなどで見かけるエネルギーなどをプライスカードに表示する方法も一策である。具体的には、解決すべきことが多々考えられるが、取り組むべきだ。

一方、１日の食事摂取基準を知らなければ、個々の栄養成分表示の意味も薄れてくる。すなわち、栄養表示をみても自分にとってどう係わるのかがわからない現実がある。食事摂取基準は性別や年齢などにより異なるので、消費者教育などで徹底することが不可欠であるが、食品の種類などによっては、包装などに食事摂取基準を表示できるのではないか。これこそ、活きた表示（教育）である。

いずれにしても、栄養成分表示は何のためにするかを考えるべきだ。消費者に健康の保持増進の重要性を理解させ、自主的な意思決定（購入するのかしないのか、飲食するのかしないのか）を促すことが目的であり、それ故に、表示方法において「消費者目線」が重要だ。もちろん、食生活・健康保持の基本は自己責任であり、消費者として栄養成分などの表示を活用しなければならないと考える。

（2011年8月15日）

7. 情報提供で重要なことは

食品表示法案が国会で審議されている。食品を摂取する際の安全性および消費者の自主的かつ合理的な食品選択の機会を確保するために、食品衛生法、ＪＡＳ法、健康増進法の食品表示に関する規定を統合して、包括的かつ一元的な制度を創設するというものだ。わかりやすい表示は、消費者の権利の尊重と自立の支援からも必要である。

近々、自主的かつ合理的に選択するための表示基準が制定されることになると思うが、消費者が基準に基づいた食品表示に従って選択したとしても、適正な消費（食）につながるとは断言できないと思う。なぜなら、消費の段階で「この場合、どうすればよいのか」という疑問が生まれると考えるからだ。

たとえば、賞味・消費期限である。消費者からすると、賞味・消費期限が過ぎたらどうすればよいのかという疑問だ。期限内に消費すれば問題はないが、生活パターンや家族構成などにより消費期限が過ぎてしまうことも起こり得る。期限が過ぎたから単純に廃棄するというのは、資源の面からも気になるところだ。

食品企業に聞くと、賞味・消費期限は一定の保存条件のもと未開封でもって担保される期限であり、開封後は、保存条件が個々の家庭で異なるので、やはり「お早くお召し上がりください」といわざるを得ないとのことだ。このように説明されれば、わからなくもないが、消費者として俄（にわ）かに納得できるものでもない。

消費生活は、最終的には消費者の自己責任の領域ではあるが、消費者が意思決定（判断）するための表示や情報の提供が必要である。消費期限の場合、期限が過ぎたときや開封後の使用がどこまで可能であるかを判断するための情報、たとえば、味が落ちる、変色・変質するなど五感で判断するポイントなど、期限経過後どのようになるかという「結果」、それもどれくらいの期間で変質するなどの安全係数的なものがあればと願うところだ。

このことは、他の商品でもいえることで、たとえば、注意表示事項を守らなければ発生し得る問題（事故）の説明、すなわち、なぜ注意表示しているのかという「理由」のことだ。消費者の意思決定には「結果」や「理由」といわれる情報が必要であり、この「結果」や「理由」が消費者に提供されなければ、本当の意味での意思決定には役立たないと思う。同時に、消費の段階において表示や情報が活かされないことにもなり、また、この結果や理由がなければ、情報への関心が薄れることもあり得る。

いずれにしても、表示や情報は、相手（消費者）の行動につながることが重要であり、行動に結びつかなければ意味がない。表示や情報を活用して商品を選択し、正しく消費（使用）することが消費者に求められるが、企業として、消費者視点で消費者の意思決定につながる表示や情報の提供に取り組むことが不可欠である。

（２０１３年４月25日）

8. 提供情報をチェックする

先日、「グリーンウォッシュ」をテーマとしたセミナーがあった。環境広告・表示・ラベルが招く経営危機を切り口とし、グリーンウォッシュのない製品・社会的なしくみづくりをめざしたものだ。グリーンウォッシュとは、ホワイトウォッシュ（汚れた壁を白く塗りかえる）とグリーン（環境に配慮した）を合わせた造語で、80年代半ばから、欧米の環境活動家を中心に使われ始めた。

環境に優しい、地球に優しい、グリーンなどの表記がある製品を消費者が選択することを狙って、環境への配慮が十分でない製品を環境に配慮しているように見せかける訴求を行っている製品が、グリーンウォッシュ製品といわれる。グリーンウォッシュは、環境に関する活動や製品・サービスの環境的便益に関して消費者を欺く行為のことで、虚偽の広告・宣伝はもちろん、的外れやあいまいな訴求、より悪いものとの比較、証明のない訴求など、意図の有無は関係しない。

消費者の自立、消費者市民が求められている今、消費者が選択する行為の重要性は周知のことだが、それには、広告・宣伝、表示、ラベルなど、製品やサービスに関する情報の提供（訴求）が不可欠である。環境はもちろん、安全・安心に関する情報も含めた製品やサービスの情報が、消費者に正確かつ適切に提供されることがポイントだ。

情報提供における留意点として、情報の質（内容）と量の問題がある。モノにはメリットとデメリットがあることを考えると、提供される情報は、全体（網羅）的で、具体性、正確性、そして、根拠が必要であり、情報量も大切である。マーケティングでもいわれるが、情報量が多すぎれば消費者に拒否されるということも忘れてはならない。

情報提供には、景品表示法など最低限守らねばならない法規制に加えて、エコラベルのような認証ラベル制度などもある。自主的なものではあるが、消費者にとって理解しやすいというメリットがあり、情報提供者である企業にも活用しやすいものだ。ただ、ラベルの種類の多さに加え、基準の妥当性など、認証ラベル制度にも課題がある。

一方、消費者には、提供される情報を適宜把握し、製品・サービスのデメリットも含めた特徴や環境負荷などを理解し行動することが求められる。すなわち、グリーンウォッシュをはじめ、消費者を欺く情報を排除するという行動であり、消費者市民としての役割でもある。

いずれにしても、消費者に提供する情報（訴求）をグリーンウォッシュも含めチェックすることが大切であり、消費者部門はその一翼を担っていると考える。なぜなら、チェックには消費者（使用者）目線が不可欠であるからだ。情報提供は、消費者との双方向コミュニケーションという認識のもと、提供する情報は、全体的で具体性があり、正確で根拠も具備していることが大切だ。

（２０１２年11月26日）

第9章 消費者教育とは

1. 消費者教育がなぜ必要か

消費者行政が「保護」から「自立」へと大きく転換され、国民生活白書で「消費者市民社会」が取り上げられるなど、消費者の自立が強く期待されている。しかし、情報格差をはじめとして、消費者が企業に比べて弱者であることには変わりがない。いや、格差が拡大している一面もあると思う。消費者トラブルは減少する兆しはなく、また複雑化しているのが実態である。

04年に改正された消費者基本法では、消費者の権利が明示され、消費者教育を受ける権利も明確にされたが、同時に消費者には自立を求めている。消費者行政の指針となる消費者基本計画において、消費者の自立のための基盤整備が方向づけられ、消費者教育の推進が重点政策にあげられたが、学校における消費者教育をはじめ体系的に取り組まれているとは言い難い状況にある。消費者庁に大いに期待するところである。

消費者教育とは消費生活における合理的な意思決定能力を育成することである。消費生活の複雑・多様化に伴い、消費者トラブルの増加や消費者問題の複雑・広範化はいかんともし難いところで、意思決定能力の重要性は強まっている。また、消費者市民として社会の発展と改善に積極的に参加する視点からも消費者教育の必要性は高まっている。

なぜ、消費者教育が遅々として進まないのか。それは体系的取り組みと具体的教育手法の欠如にあると思う。製品安全の基本は企業が担保すべきものだ。企業が製品を消費者に提供する以上、絶対安全を目指すべきであるが、技術的に絶対安全を保証できないのも現実である。そこには、使用者が注意していれば回避できる問題も存在する。決して事故に対する企業の責任を軽減するものではないが、消費者自身が安全を確保するための能力も重要だと思う。

契約問題においても同様だ。契約とは何かを実例で理解することが大切だと考える。製品やサービスの購入時は契約内容を確認し自己責任において決定すべきであり、契約解除やクーリング・オフも知っておく必要がある。もちろん、悪質業者による消費者被害が後を絶たないという現実もあり、被害の未然防止や解決は消費者行政に負うところは少なくない。しかし、消費者自ら被害の回避や回復するためには知識と行動が不可欠であり、消費者市民としての役割にも通じる。

消費者問題の解決には、消費者が自らの消費生活に向かい合い判断し行動することが求められる。そのため、消費者は製品・サービスの情報や生活知識のもとに意思決定できる能力を備える必要がある。それ故に、学校教育を基本として社会教育も含めた体系的な消費者教育の実践が急務だと考える。日々技術が進歩し社会規範も変化する現代社会は、消費者が消費者教育で培った意思決定能力を駆使して生活することが期待されている。消費生活は真剣勝負だと思う。

（2010年3月22日）

2. 意思決定能力の育成には

消費者庁平成24年度予算案の概要・機構定員要求の結果の中に、「消費者教育の体系的・総合的推進」として、消費者教育推進会議を実施、更なる消費者教育の改善強化を図るとある。消費者問題が複雑・多様化して被害も深刻化する一方で、消費者には自立が求められ、消費者教育の重要性が叫ばれているのである。

消費者教育の目的は「意思決定能力」の育成であり、学校教育での実践が急務だと考える。なぜ「意思決定能力」が重要なのか。製品やサービスの購入選択、使用そして廃棄に至るまで、すべての場面で意思決定が必要であるからだ。すなわち、消費生活は意思決定の連続であるといっても過言でない。

意思決定能力の育成はどのようにすればよいのか。合理的に意思決定するには、物事をしっかり見ることが重要だ。具体的には、製品やサービスを選択するとき正確に見ることであり、幼児期には「まちがいさがし」の本が物事を正確に見る力を育成するのに有効だ。そして、学齢期では「三現主義」が大切である。三現主義とは、現場で現物をよく観察し現実を把握して対処する問題解決の手法だが、この考え方を教育現場に取り入れて教育することが必要だと思う。

ただ、物事を見るときは、鵜呑みにするのではなく、メリット・デメリットを見極めることが大切である。物事にはメリットとデメリットがあり、往々にしてデメリットは見えないものだ。鵜呑みにする行為を防ぐものが「批判的精神」で、物事を冷静かつ客観的に分析・評価する力である。

批判的精神の育成の第一歩として「デメリットさがし」が考えられる。すなわち、メリットとデメリットについて考えさせる教育だ。製品でもサービスでもメリットとデメリットが併存するが、実生活ではメリットが訴求される反面、デメリットは見過ごされ、その結果、悪質商法に騙されるなどの消費者問題が多発している。それ故に、教育現場でメリット・デメリットの両方を自ら識別する能力、批判的精神を養成することが必要だ。児童や生徒に、消費生活に関連してメリット・デメリットを考えさせる教育である。

次の段階として、ディベートという方法が有効だと思う。ディベートは、あるテーマについて異なる立場に分かれ議論するものだが、消費生活に関連することをテーマとして、生徒を企業と消費者に分けてディベートさせる授業方法だ。ディベートを通じて、製品・サービスそして消費生活について、いろいろな角度で考える能力を育成できるとともに、自らの意思を表現する力も養成できる。

消費者教育が学校教育で推進されても、消費生活の中で活かされなければ意味がない。健全な消費生活を実践するのに必要な知識も大切だが、意思決定能力により自主的かつ合理的な行動ができ、消費者市民としても役割が果たせることが重要である。

（2012年2月6日）

3. 消費者教育で何を教える

消費者教育の推進に関する法律が8月10日に成立、22日に公布された。第3条（基本理念）に、「消費者教育は消費生活に関する知識を修得し、これを適切な行動に結び付けることができる実践的な能力が育まれることを旨として行わなければならない」とある。消費者教育は「意思決定能力」の育成であり、学校における教育を基本とすべきだと考える。

消費者教育の機会が提供されることは、消費者の権利の一つであるが、消費者基本法では、消費者を保護される主体から自立する主体として位置付け、自立が求められている。そして、消費者行政も保護から自立の支援に転換された。それ故に、消費者教育を義務的教育として捉え、学校における消費者教育を受け意思決定能力を習得し、地域における消費者教育などは生涯学習と解すべきだ。

では、消費者教育で「何を教えるのか」である。消費者教育の必要性は、消費者問題が発生したためといえる。近年、消費者問題が複雑・多様化し深刻化する中で、消費者に自らの力で消費者トラブルや被害を回避・解決することが求められている。消費者の意思決定能力の発揮である。

ところが、消費者の意思決定能力が十分とはいえず、消費者教育も消費者トラブル情報の提供や注意喚起にとどまる傾向が見受けられる。消費者教育のめざす自らの安全を確保し、自主的かつ合理的に行動する意思決定能力の習得とは隔たりを感じる。もちろん、消費者教育には、消費者が主体的に消費者市民社会の形成に参画することの重要性を理解させる側面もある。

先日、理科離れが報じられていたが、その一因として、理科と生活との関係が考えられる。以前、児童対象に手作り電池教室を実施したことがある。電池を作るという体験型講座で、電池の原理・構造から誤使用を含めた取り扱いまでの内容だが、理科への興味と電池の取り扱いを理解させる効果があったと思う。安全に関する教育では、モノの原理と効用を体験的に理解せしめ、応用性のある意思決定能力を育成することが望まれる。

契約問題では、契約とは何かを理解させるとともに、消費者トラブルを通して契約の限界すなわち騙されない懐疑的視点や自己責任について教えることも必要だ。消費者教育では、安全問題や契約トラブルなどの消費者問題を分析・整理して、意思決定能力を育成するためのカリキュラムを構築することが重要だ。

いずれにしても、消費者教育は衣食住の視点から家庭科をベースに、安全問題では理科、契約問題は社会科が関係するが、現行の教科書をみると、消費者問題の概要（情報）にとどまり、消費者トラブルを回避・解決する意思決定能力が育成されるのか疑問である。教育は国家百年の計といわれるが、消費者教育も行政を中心に社会として、消費者問題を踏まえて体系的に推進すべきだと思う。

（２０１２年９月17日）

4. 消費者教育の課題は何か

消費者教育の必要性が叫ばれて久しいが、未だ進んでいるとは思えない。消費者教育の理念・方法などを研究する日本消費者教育学会が設立30周年を迎え、㈶消費者教育支援センターも設立され満20年。一方、消費者トラブルは複雑・多様化し、また、消費者の自立や消費者市民社会が取り上げられるなど、ますます消費者教育の重要性が増している。

消費者教育とは何か。以前にも述べたが、消費生活における合理的な意思決定能力の育成である。その意味では「消費者学」の教育という方が適切かもしれない。現代社会は、消費者教育を通して意思決定能力を習得し、社会の発展と改善に参加する「消費者市民」となることが重要である。消費者教育は生涯学習ではあるが、成長期に学ぶ学校教育がより大切だと考える。

ところが、学校教育関係者に聞くと、消費者教育への関心は決して高くなく、たとえ関心があっても「時間がない」との回答が返ってくる。授業時間に制約があるのは事実だが、消費者教育の目的は「何か」を正しく理解することにより、その問題は解決できる。契約や安全に関する消費者問題も単にトラブルを教えるのではなく、消費者問題の本質となる「契約とは」「製品とは」「安全とは」を教育し、消費者市民社会を構成する人間を育成することが重要だ。消費者教育は家庭科でといわれるが、社会科や理科なども係わる消費者視点の広範な教科「消費者学」である。

また、「教材がない」とも聞くが、これは「何を」教えるのか、すなわち、教育すべき内容が明確になっていないことに起因する。現状をみると、消費者問題の歴史やトラブル事例の紹介にとどまっている感があるが、教育現場と消費者問題専門家などとの協働により解決の道が開けるのではないか。

先日、教育現場との連携が重要と考え、日本消費者教育学会関西支部事業として「消費者教育サロン」を企画・開催した。このサロンは高等学校の教員を対象としたセミナー交流会で、消費者問題に詳しい弁護士による示唆に富んだ具体的な講演と、事前アンケートを交えた全員参加型のディスカッションの二部構成。教員をはじめ学生、行政、消費者団体、企業関係者など多数の参加があり、「何のために、何を教育すればよいのか」が明確になり、難しいとされてきた学校における消費者教育に一筋の明かりが見えたと思う。

消費者教育の課題は、消費者教育の目的・内容が正しく認識されていないことと、教育関係者と消費者問題専門家などのコミュニケーションの欠如にある。消費者庁と文部科学省という国レベルでもいえることだが、いまこそ、教育現場、行政、消費者団体、企業そして学会が連携して、教科を越えた消費者教育カリキュラムや教材への取り組みが急務である。できない理由の列挙ではなく、まず実行する勇気が必要である。

（2010年9月6日）

5. 消費者教育を明確化する

第2回消費者教育推進会議が開催され中間整理が検討された。まず、現状認識において、消費者教育の目的や体系についての認識が必ずしも共有されていない、消費者教育の目的を明確化してはどうか、体系化して整理してはどうかなどの指摘があり、そして、学校における消費者教育と地域における消費者教育に分けて現状認識と課題が整理されている。

教育とは教え育てることであると考えると、地域における消費者教育にはいささか疑問を感じる。教育の対象が地域住民となり、地域住民すなわち成人に教育するということに違和感をもつと同時に不可能に近いと思う。自己責任社会といわれる現在、地域における消費者教育ではなく、「生涯学習」という捉え方を採用すべきだ。

学習は教育と異なり能動的・自主的なもので、消費者自身が学ぼう・情報を得ようとするものである。もちろん、学習意欲を引き出すことは容易ではないが、教育と学習の区分は明確にすべきであり、日々進化する製品やサービスに対し消費者が学ぶことは不可欠だ。この学ぶことが、複雑化・多様化している直近の消費者トラブルを回避する有効な手段の一つであることに異議はなく、行政や企業で実施されている啓発活動が生涯学習にあたる。

生涯学習を消費者教育から分離することにより、消費者教育の目的や実施するステージを明確化できる。すなわち、消費者教育は、教育対象が生涯学習と異なり受動的であるという側面を認識しつつ、学校教育（小・中・高等学校）において体系的に実施すべきである。なお、大学など高等教育機関は学術的研究の場と考えるとよい。

消費者教育の目的は、消費生活における「意思決定能力」の育成であり、昨今指摘されている社会の発展に積極的に参加する「消費者市民」を育てることでもある。消費者教育は、生涯学習におけるトラブル事例の紹介を含む情報提供や生活ノウハウなどの提供型活動でなく、健全な消費者（生活者）の形成をめざすものである。

次に、消費者教育の学校教育での位置づけが重要である。単なる消費生活に関する情報提供ではなく、消費生活（生きる）における意思決定能力を育成する教科であると考えると、必須教科でなければならない。国語（語学）、算数（数学）、理科、社会と同じ位置にあると考えるべきだ。

消費者教育というと家庭科があげられるが、やはり現状をみると、家庭科を「消費者学」や「生活学科」と改称し構築する方法が現実的だと思う。そして、将来を担う世代に対して、意思決定能力と消費者市民をキーワードに、小・中・高等学校の各段階において何を教育すべきかを検討すればよいのであり、具体的には、日々変貌する消費者問題を通して、消費生活の基本となる契約や安全などについて体系的に教育現場に落し込むことである。

（２０１１年９月19日）

第10章

信頼関係の構築

1. 信頼関係の構築は可能か

食品の産地偽装表示をはじめとする不祥事やガス瞬間湯沸器などの製品安全問題が後を絶たず、消費者の企業に対する不信感は強いといわざるを得ない。

消費者問題が社会問題化し消費者保護基本法が制定された昭和40年代も、企業に対する不信感は少なからずあったと思う。特に消費者団体と接するときにそれを強く感じた。また、企業の消費者部門担当者も消費者運動にある種のプレッシャーを感じていたようだ。しかし、多くの消費者は企業にさほど関心をもっておらず、結果として、企業に対する不信感は現在ほど強くなかったように思う。

その後、消費者の権利意識が高まり企業を厳しく見るようになった。加えて、企業の不祥事や製品安全問題が続発して、消費者全体が企業に対して厳しく評価するようになってきた。

では、消費者に信頼されるために企業は何をなすべきか。まず、提供する製品やサービスにおいて安全・安心を担保し、そして、その性能や機能が満足されるものでなければならない。しかしながら、提供された製品やサービスが十分機能しなかったり、不具合が発生することも現実である。このとき、最も重要なことはその企業の対応だ。消費者からの相談や苦情への対応により、その企業への評価は大きく異なる。たとえ、製品に不具合があったとしても、その対応が迅速で的確になされることにより、満足されてファンになっていただけるケースを数多く経験してきた。

加えて、消費者に製品やサービスに関する情報が的確に伝えられる必要があり、その提供方法も適切であることが大切といえる。

具体的には、消費者に対して相談窓口を明確にし、どのように対応するのかという方針を明示し、企業として実践することである。製品やサービスに関する問い合わせに対して適切かつ誠実に回答することにより、消費者から感謝されることが多い。また、リコール告知をすることによって「さすが」とプラス評価される企業もあれば、多大のコストをかけたにもかかわらず評価の低い企業も少なからず存在する。この評価の差は、その対応が消費者視点に立った正直で誠意あるものかに起因する。「正しい対応」を有言実行すること、すなわち、積極的なコンプライアンス経営の実践が信頼への最短の道であると思う。

信頼関係は、座して待っていても構築されるものではない。技術に裏付けされた製品やサービスの提供はもちろん、消費者視点に立った正しい対応を正直に実践することが重要である。そして、社会・消費者との積極的なコミュニケーションが必要だ。コミュニケーションなくして何も始まらない。企業は社会の一員で、信頼は相手（消費者）が判断するものである。日常的に消費者とのコミュニケーションを担当している消費者部門に期待されるところは大きい。

（2009年10月19日）

2. まずコミュニケーションを

先日、ある企業の消費者部門責任者と話をする機会があった。その話の中で、相談業務をはじめとする消費者対応には積極的に取り組んでいるが、消費者団体とのコミュニケーションは意識していなかったとのことであった。このような企業は少なくないように感じる。しかし、相談・苦情対応と消費者の声のフィードバックだけでは、消費者部門として不十分であり、消費者から信頼されるためにも広くコミュニケーションを展開することが大切だと思う。

消費者からの信頼を確保しようとすれば、自社を知っていただくことが前提である。信頼とは相手を信用して頼りにすることであり、相手を知ることから始まる。消費者に提供する製品やサービスが信頼に耐えうるものでなければならないが、企業は消費者にそのことを知ってもらうために広告・宣伝を積極的に展開してきた。また、今後も手法は変化するとしても積極的に取り組まれるであろう。広告・宣伝は、製品やサービスを知らしめ購入してもらうために展開するが、あまり強調しすぎると逆に信頼から遠ざかることも考えられる。いずれにしても、広告・宣伝だけのコミュニケーションでは不十分である。

製品やサービスを含めて自社を知ってもらうためには、消費者と深くコミュニケーションをとることが大切であり、製品やサービスの情報はもちろん、自社の考えも含めた情報提供が必要である。環境報告書にはじまるサスティナビリティレポートも一つであり、ホームページの充実も大切だと思う。

ただ、これらの多くがワンウェイの域を出ていない。やはり、ツーウェイ・コミュニケーションが望まれる。信頼されるには、製品やサービスの品質の良さは当然であり、経営の考え方や消費者への対応についてのコミュニケーションが重要である。

消費者部門の役割を思い起こしてみる。相談窓口を公表し相談や苦情に対応することに多くの企業が取り組んでいるが、これは当たり前のことであり、相談対応を避けることは市場からの撤退を意味する。消費者部門は受動的な相談対応に加えて、能動的に消費者と接触する使命があることを再認識すべきである。

消費者と直接接する業務を担当する消費者部門は、情報と信頼の確保のためにツーウェイ・コミュニケーションを実践しなければならない。しかし、個々の消費者とのコミュニケーションは受身であり相談対応時を除けば難しいものがある。それ故に、消費生活を意識し研究している消費者団体、消費者リーダーや消費者問題の専門家といわれる方々との連携が重要である。消費者部門は専門家として謙虚な心で、消費者団体や消費者リーダーとの対話会や個別に話し合う方法も含めた取り組みをすべきだと思う。消費者団体や消費者リーダーを避けようとせず、積極的にアプローチすることを期待する。

（2010年4月19日）

3. 双方向にどう取り組むか

以前、双方向コミュニケーションの必要性について述べた。コミュニケーションそれも双方向コミュニケーションが消費者問題の解決に有効だと考える。消費者問題そのものが、消費者と企業の格差とりわけ情報格差に起因しているからであるが、企業の消費者部門のコミュニケーションへの関心は決して高くない。同時に、コミュニケーションは簡単なものではない。

まず、コミュニケーションの必要性に対する認識の違いだ。企業が伝えたい情報と消費者が必要とする情報との間に内容的ギャップ、たとえば、製品やサービスのメリット・デメリット情報に対する関心が異なる問題である。また、企業が知りたくても、消費者には関心がないことも多く、加えて、消費者は情報入手に執着することなく、他の企業に関心を移す行動をとることもある。

従って、コミュニケーションで重要なことは「何のためにコミュニケーションをとるのか」という目的意識である。強い目的意識がなければ、たとえコミュニケーションを実践したとしても多くの成果は期待できないと思う。

また、消費者と企業のスタンスが異なるがため、互いに相手側の意図することを理解できないケースが発生する。企業はコミュニケーションにそれなりの成果を求めるものだが、それには受け手として情報を真摯に受け止めることはもちろんのこと、その情報に不明な点があれば確認することが大切だ。それ故、双方向コミュニケーションが求められるのだ。

双方向コミュニケーションにおいて、企業サイドで重要なことはメンバーの選定である。たとえば、製品に関する情報収集であれば、情報を直接活かせる製品設計・技術部門などであり、トップマネジメントのケースもある。担当外であれば、実感として受け止めることが困難であり、確認したくてもできないことが考えられる。

一方、消費者サイドでは、消費者があらゆる意味で多様であるが故に、求める情報に合わせた消費者選定とコミュニケーション方法が重要である。すなわち、年齢層などの属性による選定であり、懇談会をはじめとする対面コミュニケーションやネット活用などである。

コミュニケーションには相手に対する信頼感が必要であり、信頼しているからこそ「コミュニケーションしよう」という行動が生まれる。その意味で、消費者の立場に立ち得る消費者部門がコミュニケーションの推進役として期待されるのであり、消費者団体のコーディネート（場面設定）も一つの方法だ。

消費者問題の解決には、消費者の声を活かすなど情報に対応することが大切だと思う。そのためには、目的を明確にした双方向コミュニケーションに企業として取り組むことだ。コミュニケーションには信頼関係が必要だが、コミュニケーションしなければ信頼が生まれないのも事実である。

（2013年2月4日）

4 消費者対応の客観性とは

先日、JISQ10002を解説する機会があった。組織における苦情対応のための指針であるが、基本原則の一つに「客観性」すなわち「公平で、客観的、かつ、偏見のない態度で対応することが望ましい」とある。苦情対応をはじめとする消費者対応において、客観性は最も重要な基本原則で、誠意をもって客観的に対応することが消費者から信頼を得ることにつながると思う。

では、消費者対応における客観性をどのように捉えるべきか。客観性とは、客観的であること、だれもがそうだと納得できることであり、反意語は主観性である。消費者からの相談や苦情に対して、企業は主観的に判断し対応するのではなく、だれもがそうだと納得できる客観性をベースに対応することが望まれる。

ただ、個々の消費者対応において、どのように対応すればよいのかとなると、考えさせられるのが現実で、企業論理が働く場面がないとはいえない。消費者対応は、企業論理ではなく消費者の立場に立って判断し対応すること、それも組織としての対応が望まれる。ただ、個別の消費者だけを考えて対応すればよいというものでもなく、社会全体として捉えることも必要だ。

たとえば、保証期間経過後の修理料金について考える。当該の消費者は、故障は自分（消費者）の責任でない、自分だけが負担するのは不公平だと考えて、企業が負担すべきだとなる。一方、企業は、一定の確率で故障はあり得るのであり、保証期間後の修理費用は製品コストに組み込んでいない、消費者負担が妥当だということになる。客観性をどう担保するかが問題だ。

客観性を裏付けるものは「公平性」と「納得性」だと考える。まず、基本原則にもある公平性は大切な要件で、消費者に信頼されるには公平性が不可欠だ。すべての消費者に同様の対応がなされている、公平性が確保されているとすれば、当該の消費者は仕方がないと考えて一定の評価をすることになろう。

次に、納得性の問題である。すなわち、消費者と企業の双方が、相手の立場や状況を理解し認めることである。修理料金の場合、保証期間を過ぎると、個々の消費者が修理料金を負担しなければ、製品価格に反映せざるを得ないこともあり得るなどを理解するかである。そのためには、企業として消費者に理解を求めるための双方向コミュニケーションに取り組むことが必要であり、透明性も重要である。

消費者対応の基本は「客観性」であるが、そのために、企業は「公平性」を担保し、消費者との双方向コミュニケーションを通して「納得性」を積み上げていくことである。そのためには、ＪＩＳＱ１０００２を導入し、苦情対応を含む消費者対応マネジメントシステムを構築することだ。そして、自己適合宣言をめざすことが第一歩である。もちろん、消費者が企業を注視することも必要だ。

（２０１２年10月１日）

5. ＩＳＯ／ＪＩＳを活用する

不祥事や安全問題など、企業への不信感を増大させるトラブルが今なお発生している。また、消費者の企業に対する苦情の申し出も増加している。これは、安全問題をはじめとする消費者問題の増加とともに、消費者の権利意識の高まりも起因していると思う。いずれにしても、企業にとって苦情対応は不可欠であり、消費者トラブルを解決し、消費者からの信頼を確保することは重要な経営課題だ。

苦情は消費者からの企業への積極的な働きかけであるという認識のもと、前向きに対応することは大切なことである。しかし、具体的行動が伴わなければ消費者からの信頼確保はおぼつかないと思う。消費者の立場に立ち、申出者の気持ちをしっかり受け止めて正しく対応することが基本だ。そのためにも苦情対応マネジメントシステム規格ＩＳＯ／ＪＩＳＱ１０００２「品質マネジメント―顧客満足―組織における苦情対応のための指針」を活用することが得策である。ＩＳＯ／ＪＩＳ規格というと第三者認証を思い浮かべられるだろうが、この規格は自己適合宣言型だ。

ＪＩＳＱ１０００２は、苦情対応の基本原則とＰＤＣＡサイクルでスパイラルアップをめざすマネジメントシステムで構成されている。基本原則には、公開性、アクセスの容易性、応答性、客観性など９つの基本原則があり、苦情対応はもちろん消費者対応全般にマッチするものである。従って、苦情対応ではなく消費者（お客様）対応マネジメントシステムとして活用できる。

マネジメントシステムでは、苦情対応方針の設定などトップマネジメントの関与を要求しており、苦情対応プロセスの明確化、内部監査を含めた維持および改善を要求している。効果的な規格だと考える。

この規格を導入して消費者対応のしくみを構築したときの効果とコストを確認する必要がある。自己適合宣言であるが故にコストはほとんどかからない。一方、導入の効果は、①トップマネジメントの関与による消費者部門のモチベーションの向上、②消費者志向風土の醸成、③苦情対応プロセスの文書化等による消費者対応の高位平準化、対応基準の明確化による対応スピードの向上、④原因分析や監査・レビュー（見直し）による改善、⑤自己適合宣言による自ら律する効果、が挙げられる。また、消費者や社会の視点からは、①消費者対応の向上による顧客満足度・信頼感の向上、②自己適合宣言による消費者志向企業というイメージ定着の可能性、がある。

この規格の導入で認識すべきことは、自己適合宣言による「自ら律する」効果で、最も重要だと思う。自ら律することにより消費者・社会から真の信頼を確保することができる。そのために、情報開示を実践し、マネジメントシステム・自己適合宣言を担保することが不可欠である。

（2010年2月8日）

6．説明責任をどう捉えるか

昨年末、朝のラッシュ時に電車を待っていると、次の電車は車両数を減らしての運転である旨のアナウンスがあった。案の定、その電車は超満員で、次の駅では乗車できない人も出る始末だった。お詫びのアナウンスはあったが、車両数を減らした理由の説明は駅構内でも車内でもなかった。理由の説明があったからといって、超満員が解消するものでもないが、理由を知ることによって不満も和らぎ一定の理解につながったと思う。

一昨年11月に国際規格ＩＳＯ２６０００「社会的責任に関する手引」が発行された。社会的責任の原則や社会的責任の中核主題に関する手引などで構成された規格で、社会的責任の原則は7原則、その一つに「説明責任」がある。説明責任とは、「組織は、自らが社会、経済及び環境に与える影響に説明責任を負うべきである」とある。

説明責任の程度は、組織の権限の大きさ・範囲に対応しているとあり、社会常識で判断することになる。また、不正行為に関する対応についても、責任をとる、正すための措置をとる、予防するための行動をとることと明記されている。

一方、企業経営がめざすものは、持続可能な発展と社会に貢献することであり、企業は社会から信頼されることが不可欠だと思う。信頼の確保には、経営における決定および活動そして結果について説明することが求められる。それ故に、企業は社会に説明することを前提として経営活動を決定し遂行することが大切だ。

説明責任をどう捉えるか。説明責任を義務としてではなく、前向きに捉えるべきだ。なぜなら、消費者は、説明により企業や活動を理解することができ、企業を信頼関係の対象と考え、適切な説明内容により信頼関係の構築につながるのである。説明責任は、経営にとってプラスに働くもので、いま重要視されているコミュニケーション・絆の一歩といえる。

ただ、説明責任において忘れてはならないポイントは、消費者が「なぜと思うこと」すなわち「理由」を説明することの重要性である。説明内容が真実であることは当然であるが、理由の説明がなければ、説明内容の大切さも理解されず、説明内容が活かされないのが現実だ。たとえば、取扱説明書の禁止事項で、なぜ（理由）の記載がなければ軽視される傾向がある。同様に、前述の車両数変更のアナウンスも乗客に理解してもらおうと考えれば、消費者視点が大切であり、アナウンス内容も違ったものになっていたと思う。

いずれにしても、説明責任は、企業経営によい変化をもたらすと思う。説明責任を前向きに捉えることにより、情報公開・開示への取り組みが考えられる一方、コンプライアンス、そして、消費者に受け止められやすい消費者視点の説明が可能となり「消費者志向経営」につながり、社会の健全で持続可能な発展に貢献できるものと確信する。

（2012年1月23日）

7. 情報開示・公開を考える

先日、「消費者庁に集まる情報は国民共有の財産。原則公表が出発点」との考えが示された。また、シンポジウムで「コミュニケーション」がテーマになるなど、「情報」に関心が寄せられている。これは、消費者と企業との情報格差が消費者問題の主たる要因に他ならないからだと思う。

コミュニケーションには情報の双方向が重要ではあるが、消費者問題の解決には少なくとも企業から消費者への情報提供が不可欠だ。情報提供の話になると、情報開示・公開をどこまですべきかが議論となる。自由競争社会であるが故に、企業秘密に属する情報も少なくないのも事実であるが、安全・安心に関する情報提供は別だと考える。企業はもちろん行政も、コンプライアンス視点で積極的な情報提供が重要である。

消費者問題における情報は、安全問題や契約・取引問題など多種多様であるが、安全問題に関する情報、特にリコール情報が最も重要だ。情報提供で考えねばならないのが、目的の明確化と具体的取り組み、そして徹底する強い意志・姿勢である。リコール社告のホームページ掲載も多くの場合わかりづらく、リコール社告のＪＩＳ規格も活用されているとは思えない。

まず、ＪＩＳ規格にも例示されている表示・記載上の問題である。消費者が製品の問題に気付き、注意や連絡などの行動を起こさせる内容であるべきだが、危険性や事故の状況・その原因などが明確に伝えられていない。

そして、リコール情報を徹底しようとする強い意志がうかがえないことだ。ホームページでの扱いも、リコール社告は消費者にとって最も重要な情報であるにもかかわらず、トップページでの確認が困難なケースが多い。情報は相手方に伝わり行動されてこそ意味がある。加えて、テレビCMや折込チラシなどの手段も重要だ。

消費者が知りたい情報は多種多様であり、商品選択や取扱いに関する情報に関心が向けられる傾向があるようだ。消費者自身、企業や行政から提供される安全情報に関心を持つことが大切だが、提供する側の企業は、単に情報提供すればよいというのではなく、消費者の立場に立ち情報提供に取り組むべきである。消費者の関心と企業の思いにギャップ（格差）があることを忘れてはならないと思う。

いずれにしても、企業として、消費者に対し何のため（目的）に何（内容）を伝えたいのかを明確にし、行動を起こしてもらいたいという強い意志と真摯な態度が重要である。そのために、情報提供すなわち情報開示・公開の工夫と努力が必要であり、また、消費者に情報を正しく受け止められ行動につながる信頼関係が必要となってくる。信頼関係の構築には、消費者目線での正しい情報の提供から始めることである。たとえ、消費者に情報を伝えることができたとしても、消費者の行動を引き出すことができなければ意味がない。

（2010年9月20日）

8. なぜ自己適合宣言なのか

ＩＳＯ／ＪＩＳＱ１０００２「品質マネジメント―顧客満足―組織における苦情対応のための指針」の導入や導入を考えている企業が増加しているようだ。先日、導入しているが自己適合宣言していない企業に、規格の導入から監査、自己適合宣言に至るまでを解説する機会があったが、自己適合宣言することに躊躇されていた。

一方、すでに自己適合宣言されている企業もある。ところが、宣言されている企業の消費者（苦情）対応と規格との適合性が見えにくいのが現状だ。自己適合宣言するのであれば、消費者対応をどのように考え、どのように消費者対応しているのかなどについて、消費者・社会に対し説明（見える化）する責任があると考える。

以前にも述べたが、この規格を導入する目的は、消費者に満足され、消費者・社会からの信頼を高めることであり、基本原則とマネジメントシステムで構成されている。導入にあたっては、規格を社内規程に落し込み（制定）、マニュアルの見直しをはじめ、消費者対応のシステム整備・構築に取り組み、教育・訓練することが重要だ。そして、制定された社内規程を順守して消費者対応を実践し、マネジメントシステムが運用できていると判断できれば自己適合宣言ができる。適合性の判断は、スパイラルアップも考慮して、自己責任において行えばよいとされている。

自己適合宣言には、社会に対して告知することにより、消費者・社会からの信頼を確保できるという効果と、自ら律するという効果（自律効果）がある。信頼の確保には、適切な情報開示・透明性の確保が必要であり、社内規程や消費者対応などの開示や説明責任が求められていると認識すべきである。

また、自己適合宣言するにあたっては、厳正なる監査（内部監査）を実施し、一定のレベルが確保されていることが必要で、マネジメントレビューも不可欠だ。残念ながら、自己適合宣言されている企業での監査やマネジメントレビューの実施状況はわからない。実施状況が社会から見えてこそ、消費者・社会から信頼を得ることができるのだ。

いずれにしても、規格の導入がめざすものは形式ではなく、正しい消費者対応が実践されることであり、信頼関係の構築である。それ故に、規格を導入したのであれば、信頼の確保に向けて、有言実行の姿勢、すなわち「自己適合宣言」が望まれる。

そして、自己適合宣言を担保するために、消費者とのコミュニケーション、サスティナビリティレポートでの報告など、透明性の確保が重要であり、消費者サイドも、規格の導入や自己適合宣言などの企業活動をよく見て評価することが大切だ。この行動が、消費者市民としての役割でもあり、企業サイドに消費者・社会から評価されれば取り組むという側面があるのも現実である。

（2012年10月29日）

第11章 消費者志向経営

1. CS経営の真意を考える

ある研究会において、顧客満足（CS）を追求するあまり、消費者の要求がたとえ不当と思われるものでも受け入れてしまうことが考えられるが、どのように考えるべきかという趣旨の質問があった。CS経営は80年代から提唱され始め、いろいろな場面で話題となり革新的経営手法として取り組まれたが、最近はあまり耳にしない感がある。いま一度、CS経営について研究してはいかがであろうか。

CSの指標として顧客満足度（CSI）があるが、だれが決めるのか。もちろん、CSIは消費者が決める（評価する）ものであって企業が決めるものではない。そして、その評価は、大別して「満足・当たり前・不満」の3段階であり、その評価基準は消費者の期待値との差（ギャップ）である。すなわち、期待値以上であれば満足であり、期待値以下は不満である。ただ、消費者一人ひとりの評価であり、消費者個々の満足のレベルは同じ事象に対しても異なる。

CS経営は、経営の考え方であり、CSを目指す経営手法であって、CSIはその結果である。CS経営では、まず消費者が何を期待しているのかを知ることが大切であり、CSという以前のビジネスの基本でもある。消費者が欲する製品やサービスを提供することが企業の使命であり、そうでなければ企業は存続しえない。また、消費者の欲求は絶えず変化している故に、ＣＳ経営における消費者部門の役割も重要だと思う。

次の段階として、消費者の欲求に応えることが挙げられる。そのとき、個々の消費者も大切であるが、消費者全体をも考えなければならないことを留意する必要がある。とりわけ、消費者対応において重要なことは、「公平性の原則」と「客観性の原則」である。ただ、客観性の原則を順守するとき、企業論理に陥り消費者から遊離してしまう危険性が介在するので、消費者の立場を忘れないことが大切だ。

ＣＳ経営を推進するときの基本姿勢は、「顧客満足」ではなく「顧客重視」だと考える。すなわち、顧客重視を基本姿勢として、公平性と客観性の原則に従って、判断して対応することである。顧客重視を実践するには、消費者（顧客）の立場を理解し、消費者目線で考えることが不可欠であり、消費者目線で考えることは一朝一夕では難しいと思う。まず、消費者と積極的にコミュニケーションをとり理解することが必要であり、その結果、醸成することができるのである。

ＣＳ経営すなわち「顧客重視経営」の実践は、企業（組織）としての取り組みが重要である。そのためには、社員が一丸となり顧客重視に取り組めるように、顧客重視の方針はもちろん社内規程やマニュアルが必要であり、それらに基づいた教育・訓練も必要となってくる。絶えず、消費者と接している消費者部門が率先してマニュアル作成や教育に携わることを期待する。

（2010年6月21日）

2. CS調査の意義を考える

先日、ある企業の相談窓口に製品トラブルで電話をする機会があった。不快なオートガイドによる電話操作指示もなく相談員に直接つながり、相談員のアドバイスも要領よくトラブルもその場で解決して満足することができた。相談する前に比べ、その企業に対する好感度が高まり、今後もその企業の製品を購入・使用しようと決意するに至った。

最近、お客様満足度（CS）やCSを指数化したお客様満足度指数（CSI）という言葉を耳にすることが少なくなったような気がする。しかし、CSは消費者にとって大切であると同時に、企業にとっても重要な経営課題である。

ところで、「当社はお客様満足度№1」という広告を見かけることがあるが、いかがなものかと思う。そのCS調査が、どのような方法で実施され、誰が何に満足されたのかなど、疑問が残ると同時に、自慢されているようで冷めた気持ちになる。CSは、個々の消費者が満足したかどうかが大切であり、その消費者がリピーターとなりクチコミで広がっていくことが重要であって、企業自身が吹聴するものでないと思う。

CS調査は何のためにするのか。CS調査は、お客様に満足してもらうために、CSの現状を調べ、そしてCSを高めるために何をなすべきかを調べるものであって、調査結果がよかったとか悪かったとかで一喜一憂するものではない。消費者に提供する製品やサービスそしてお客様対応を向上させることが目的であり、調査項目と調査方法がポイントである。

ＣＳ調査を外部機関に依頼すると調査コストが大変なので、現在は実施していないとの話を、ある消費者部門責任者から聞いた。しかし、調査の意義がＣＳ向上だと考えると、まず、企業自らが調査実施者となりＣＳ調査を行うべきである。ＣＳ調査にはいろいろな方法があるが、定期的・継続的に実施し時系列に評価することが大切で、調査母数にこだわることはない。結果、調査コストはかなり軽減できる。

そして、ＣＳ向上の方策を見つけ出すためには、調査項目が重要であり一律的なものでない。なぜなら、消費者（お客様）は十人十色であると同時に、企業に対する期待も絶えず変化している。従って、消費者が何を期待しているのかを的確に把握することが不可欠であり、消費者視点の調査項目であることが期待される。迅速な相談受付・対応が期待されているとすれば、オートガイドで電話操作を指示する相談受付はいかがなものかと思う。

日々高度化する消費者の期待に対し的確に対応することが企業に課せられた責務であり、ＣＳで企業が評価されるのが現実だ。それ故に、ＣＳ調査の推進は消費者部門の使命の一つだと考え、消費者視点の適切な項目で継続的に実施し、製品やサービスそして消費者対応の向上をめざすべきであり、自前のＣＳ調査も選択肢である。

（２０１１年６月20日）

3. 消費者部門からみるＣＳＲ

近年、国内外を問わず、企業の不祥事が社会問題化し、環境問題がクローズアップされる中、企業の社会的責任（ＣＳＲ）が問われている。91年には経済団体連合会（現在の日本経済団体連合会）が企業の守るべき経団連企業行動憲章を制定、02年「企業行動憲章」に改定されるなど、ＣＳＲが経営課題として捉えられ、また「企業は社会の公器である」ともいわれる。しかし、個々の企業における取り組みはどうであろうか。ＣＳＲ担当部署が設置されたり、社会・環境報告書と称せられるサスティナビリティレポートを発行されるようになったが、そこにとどまっている感がある。

01年、ＩＳＯ消費者政策委員会（ＣＯＰＯＬＣＯ）は理事会の要請を受け、社会的責任（ＳＲ）について検討を開始、09年には国際規格ＩＳＯ２６０００原案が回付され、近々発行される予定である。この原案は企業に限らずあらゆる組織における社会的責任に対する手引を提供するとしており、認証を意図されていない。より具体的な、より厳しい、または異なる種類の規格の作成を阻むことを意図してはいないともある。

社会的責任の原則として、説明責任、透明性、倫理的な行動、ステークホルダーの利害の尊重、法の支配の尊重、国際行動規範の尊重、人権の尊重が挙げられている。そして、社会的責任を果たすことは、社会からの信頼を確保できることにとどまらず、従業員のモチベーション向上、取引の信頼性及び公正性の向上、環境の持続可能性の促進など、組織にとって多くの利点があるとされている。

　また、中核主題に関する手引をみると、組織統治、人権、労働慣行、環境、公正な事業慣行、消費者課題、コミュニティへの参画及びコミュニティの発展が挙げられている。社会的責任が組織運営全般にわたっており、組織全体で取り組まなければならないことが明確になっている。

　それ故に、ＣＳＲはトップマターであり、消費者部門では対応しきれないなどの議論をよく聞く。しかし、企業は消費者があって存在する意義があり、消費者との関わりである「消費者課題」が特に重要だと思う。枝葉末節にとらわれず、消費者部門がＣＳＲへの取り組みの中心的役割を果たすことが大切である。

　消費者課題として、消費者の安全衛生の保護、消費者に対するサービス・支援並びに苦情及び紛争の解決、消費者データ保護及びプライバシーなどが示されているが、消費者部門として直接的に関係する課題である。これらは、社会的「責任」という受身的な感覚ではなく、社会的「使命」とでもいうように積極的な取り組みが不可欠だ。

　ＣＳＲはトップマネジメントの領域といえるが、消費者目線を基本とする消費者部門が、「消費者目線を実践する消費者部門がやらずば誰がする」と自負率先して、ＣＳＲ経営を企業活動に落とし込んでいくことが重要だと考える。

（２０１０年5月24日）

4．社会的責任規格を活かす

今年3月21日にＪＩＳＺ２６０００「社会的責任に関する手引」が制定された。10年11月発行のＩＳＯ２６０００に準拠したもので、社会的責任の原則、社会的責任の中核主題などで構成されている。企業の不祥事や安全問題が続発し社会的責任が問われる中、あらゆる組織を対象として制定された規格であるが、組織の一つである企業において、この規格がどこまで認識されているのかが疑問だ。

社会的責任とは、「組織の決定及び活動が社会及び環境に及ぼす影響に対して、透明かつ倫理的な行動を通じて組織が担う責任」とある。社会的責任の原則は、説明責任、透明性、倫理的な行動、ステークホルダーの利害の尊重、法の支配の尊重、国際行動規範の尊重、人権の尊重の７つだ。倫理的な行動は「正直、公平及び誠実という価値観に基づくべき」とあり、説明責任、透明性とあわせ行動様式に関わる原則といえる。

先日、企業内消費生活アドバイザーの勉強会で、社会的責任について講演する機会があった。社会的責任に関連するものにサスティナビリティレポートがあるが、「自社のサスティナビリティレポートを読みましたか」と質問すると、社会的責任の中核主題に「消費者課題」があるにもかかわらず、あまり読まれていないのには驚いた。

また、消費者部門責任者の関心事は苦情対応であり、社会的責任に関心が薄いのも現実だ。社会的責任は経営層だけの問題でなく、社員一人ひとりが社会的責任を意識することが大切で、全員経営に通じるものであり、企業の持続可能な発展に必要なものだ。企業として社会的責任に取り組まなければ、社会的責任を果たせないどころか、重大な問題を招く危険性もある。

社会的責任を社内に徹底するには行動基準や社内規程などが必要だが、具体的には基準・規程を見直し徹底を図ることになる。サスティナビリティレポートも不可欠であるが、社会に届かなければ意味がない。社員が読んでいないようでは心もとない。なぜレポートが読まれていないのか。レポートがホームページ上のみという企業もあるようだ。インターネットの活用も大切だが、紙媒体の併用も重要である。加えて、レポートの構成にも問題がある。消費者相談などの消費者課題に係わる報告が少ないというのも一つだ。

ＪＩＳＺ２６０００制定を機に、経済産業省をはじめ行政が、企業に対して社会的責任の定着と消費者志向の推進を促すことが必要だ。そして、消費者サイドも社会的責任の視点から企業をみることが大切である。一方、企業は、グローバル化に対応してＩＳＯ準拠の社会的責任規格を理解し、自主的に導入することが重要だ。社会的責任の導入は具体的でなければ効果は期待できない。それ故に、消費者・社会との接点である消費者部門が、社会的責任規格の学びの中心となり、社会的責任経営を実践することが望まれる。

（２０１２年４月16日）

5. 社会的責任の見える化を

昨年11月にＩＳＯ２６０００「社会的責任に関する手引」が発行されたが、この規格は企業に限らずあらゆる組織を対象とする社会的責任の国際規格である。そして、ＪＩＳ化される方向で調整が進められていると聞く。それ故に、企業はこの規格の社内導入を検討すべきだと思う。

ＩＳＯ２６０００の原案が検討され回付されている段階でも触れたが、この規格は「社会的責任の原則」と「社会的責任の中核主題に関する手引」などで構成されている。社会的責任の原則は、説明責任、透明性、倫理的な行動、ステークホルダーの利害の尊重、法の支配の尊重、国際行動規範の尊重、人権の尊重の7つで、中核主題として、組織統治、人権、労働慣行、環境、公正な事業慣行、消費者課題、コミュニティへの参画及びコミュニティの発展の7つが挙げられている。そして、この規格は認証目的、規制もしくは契約のために使用することを意図したものでないとあり、自主的に取り組むものである。

また、企業は「社会の公器」を標榜し、日本経済団体連合会では、社会の信頼と共感を得るためにとして「企業行動憲章」を改定するなど、社会的責任を経営課題として捉えている。しかしながら、企業の不祥事そして安全問題などが続発し、消費者の企業への不信感は募っているといっても過言でない。先日も、安全問題において消費者を軽視し企業論理を優先しているとしか思えない企業に遭遇した。消費者あっての企業であり、消費者に信頼される企業でなければならないと考える。

企業が社会的責任を果たすことは、企業の持続可能な発展への必要条件だと思う。そして、企業が社会的責任を果たすべく取り組んでいることを消費者に認知され信頼されることが重要である。そのためには、企業の社会的責任とは何かを明確に把握し、社内に徹底することが不可欠である。ＩＳＯ２６０００（ＪＩＳ化されればＪＩＳ）を導入し企業（組織）として共有化することである。具体的方策として、行動基準や社内規程の制定などがある。

既述の通り、認証目的を意図していないので自主的な導入となるが、社会に認知されなければ、せっかくの取り組みも信頼関係の構築に結びつかないこともあり得る。従って、規格を落とし込んだ行動基準や社内規程などを開示し、そして、取り組み状況や結果などをサスティナビリティレポートで社会に公開することが大切だ。すなわち、「見える化」である。

「見える化」は、消費者・社会との信頼関係の構築だけでなく、自律（自ら律する）効果が期待でき、結果として全社あげての取り組みが可能となる。この「見える化」には、正直な心が大切であると同時に、消費者・社会とのコミュニケーションを図るという積極的な姿勢が重要であり、消費者そして社会から信頼される第一歩だと思う。

（２０１１年３月21日）

6. コンプライアンスとは何か

先日、コンプライアンス研修会で講義する機会があった。訪問販売担当者を対象に、コンプライアンスの重要性を理解し実践していただくことを目的とするものであった。

コンプライアンスは、60年代のアメリカで独禁法違反やインサイダー取引事件などが発生した際に用いられた法務用語で、「法令遵守」と訳されることが多いが、守られるべき規範は法律に限らず、規制、自主行動基準、倫理など、幅広く捉えるべきである。

コンプライアンス経営は、よくいわれる「火の用心」などの掛け声だけでは困る。具体的なステップ・取り組みが重要であり、組織（企業）としての取り組みであること、コンプライアンス意識（決意）、そして、法律などの順守すべきものをしっかり理解することである。

コンプライアンス意識で大切なことはその目的を知ることであり、コンプライアンスの目的は社会からの「信頼の確保」である。企業は社会・消費者からの信頼なくして存続しえない。商品やサービスを提供すると、信頼関係があってこそ契約（売買）関係が成立し企業も利益を得ることができる。それ故に、企業はコンプライアンス経営に取り組むことが要求される。

次に、順守するものを理解すること。たとえば、訪問販売の場合、直接的な関係法令として、民法、消費者契約法、特定商取引に関する法律、割賦販売法などがある。まず、法律の目的（第一条）を理解することが必要で、なぜこの法律が制定されたのかを知らなければ、コンプライアンスにとって意味がないといえる。特定商取引法であれば、「購入者等の利益を保護し、あわせて商品等の流通及び役務の提供を適正かつ円滑にし」とある。何をすべきかが自ずと明白になり、各条文の理解も容易となる。

もう一つ重要なことは、扱う商品・サービスを熟知し、相手の立場に立つこと。訪問販売ではメリットを強調しデメリットに触れない傾向があるが、デメリットを伝えることも重要である。また、商品やサービスの品質問題だけをデメリットと考える向きがあるが、価格やクレジット契約の返済期間・返済金額などもデメリットと考えるべきだ。加えて、消費者、消費者問題・意識を知ることも不可欠である。

コンプライアンス経営は「組織」として取り組まなければならない。そして、既述のように、コンプライアンスには「意識」と「知識」が必要で、知識にはマニュアルや研修が必要であり、また、意識の強化には教育や責任者の率先垂範、そして責任者の「そうは言うけどな……」は禁句である。この言葉はコンプライアンスの否定につながる。消費者部門の使命にチェック機能があることも思い起こしていただきたい。

コンプライアンス経営は決して事業活動を抑制するものではなく、信頼関係を構築するものであり、結果として事業の永続的な発展につながる。

（2010年6月7日）

7．チェック機能に取り組む

消費者に製品・サービスを提供する企業の多くは消費者部門を設置している。消費者部門の名称や業種などによる消費者部門の規模そして担当業務の領域が若干異なるのはいたしかたないと思うが、相談業務のアウトソーシングを含め消費者部門の体制・あり方について研究する余地を感じる。今こそ、消費者部門の企業内での位置づけを再考することが望まれる。

以前、企業における消費者部門の使命について述べたが、使命は消費者志向経営の推進であり、消費者関連4業務の実践である。4業務とは、①消費者行政・団体との折衝、②相談や苦情の受付・対応、③消費者啓発活動、④消費者情報のフィードバックで、これらを受身的に捉えるのではなく、消費者目線で能動的に取り組むことが大切だ。

先日、消費者志向経営の重要性は理解できるが、どのように取り組めばよいのかとの問いかけを受けた。トップマネジメントへのレポーティングや社員向けの消費者志向研修などの実践に加えて、消費者部門として「チェック機能」を果たすことが重要だと思う。それも経営全般にわたるチェックで、社外取締役や監査役に通ずるものである。その意味では、昨年制定されたＪＩＳＺ２６０００「社会的責任に関する手引」への取り組み、すなわち、経営活動において社会的責任を果たしているかというチェック機能であり、消費者部門として率先して関わるべきだと考える。

消費者問題のキーワードに「安全・安心」「消費者目線」があるが、提供する製品が「使用者の不注意に対する安全配慮がなされているか」「使い勝手に問題はないか」など、消費者目線で吟味しているかがチェック項目の一つだ。これは製品開発・技術部門が考えるべきことであるが、開発者・技術者であるが故に限界があるのも実態であり、消費者部門のチェック機能が必要となってくる。

サービスでも同様で、提供するサービスが「消費者に不利益なことはないか」「情報提供が適切になされているか」など、消費者目線でチェックすることだ。加えて「環境にとって問題はないか」など持続可能な発展も忘れてはならない。

グローバル化が進展する現在こそ、全員経営が重要である。とりわけ、消費者部門の業務には、消費者目線・感覚が望まれる。担当業務を自分のこととして捉える経営者感覚、すなわち、企業へのロイヤリティが大切であり、アウトソーシングを検討するときは留意すべきことだ。

いずれにしても、消費者部門の使命は消費者志向経営の推進であり、自社の経営活動について体系的かつ可能な領域から「チェック機能」に取り組むことである。もし、品質問題のリコール実施に関して判断ミスがあれば、消費者部門は消費者目線において責任を感じるべきだ。もちろん、消費者部門として消費者関連4業務を消費者視点で実践することは不可欠である。

（2013年1月21日）

8. 消費者志向経営を考える

先日も企業の不祥事が発覚しマスコミを賑わした。経営責任はもちろん企業の存続にも影響しかねない問題である。以前から取り組まれてきた監査機能の強化や内部通報などが議論され、企業経営におけるコンプライアンス（法令遵守）が要請されている。コンプライアンスは企業経営にとって当然のことであり、今さらの感を拭えない。

昨年、社会的責任に関する国際規格ＩＳＯ２６０００が発行された。国際的にも組織の社会的責任が問われ、コンプライアンスが重要視されており、ＩＳＯ２６０００には７つの中核主題がある。その一つに「消費者課題」があり、公正なマーケティング・事実に即した偏りのない情報・及び公正な契約慣行、消費者の安全衛生の保護、持続可能な消費など、７つの課題が挙げられている。重要なステークホルダーである消費者に対していかに対処すべきかを示唆していることに注目すべきだ。

一方、企業も社会の構成員と認識され、「社会の公器」といわれもする。にもかかわらず不祥事が発生している。企業にとって重要なことは、企業のあり方すなわち経営理念だと思う。企業は「誰のため」―「何のため」に存在するのかを確認することが重要であり、「消費者のため」でなければならない。すなわち「消費者志向経営」である。

消費者志向経営で重要なことは、絶えず消費者を意識し、そのことを経営理念に明示して、実践していくことであり、「お客様第一」と表現されることも多い。もちろん、消費者とは個々の消費者のみをさすのではなく、消費者全体のことであり社会ともいえる。

具体的には、消費者に提供する製品やサービスはもちろん、企業活動のすべてが「消費者のため」を考えることだ。製品やサービスが消費者にとって安全であり、消費者に高品質の便益を提供することである。その結果、消費者に満足され、信頼の確保につながると思う。それ故に、企業の持続可能な発展に不可欠な積極的経営手法といえる。

消費者志向経営は、製品やサービスの安全・品質、取引・契約、アフターサービス、情報提供、相談対応、環境保全、そして、コンプライアンスなど、すべての企業活動にまたがるものである。従って、あらゆる場面において、誰のための経営かを考えることが重要であり、社会的責任経営にも通じると思う。

ただ注意すべきは、消費者が不特定多数で価値観も多様であり、時代とともに変化もすることである。企業として常に消費者を正しく捉えていることが大切であり、消費者部門の役割も重要だ。相談や苦情を通しての消費者意向は一つの側面でしかない。今こそ、消費者部門が率先して消費者とのコミュニケーションを図り、消費者志向経営の推進に貢献することが重要である。また、消費者目線の徹底による自律効果も期待でき、不祥事の防止にもつながると考える。

（2011年12月5日）

著者紹介

池田　康平（いけだ　やすひら）

1947年生まれ。

1969年、関西学院大学商学部卒業。

同年、松下電器産業株式会社（現パナソニック株式会社）入社。

1975年より大阪営業所消費者関連課を皮切りに、お客様ご相談センターなど一貫して消費者関連業務に携わり、2000年、CS本部にて本社職能として消費者関連業務を担当（参事）。

2008年、同社を退職。

同年、消費者志向研究所設立、消費者志向研究会を主宰。

1982年、消費生活アドバイザー資格取得。

2005年、財団法人日本産業協会より感謝状受領。

公益社団法人消費者関連専門家会議（ACAP）個人会員。

消費者新時代

2020年3月16日　第1刷発行

著　者　池田康平
発行人　大杉　剛
発行所　株式会社 風詠社
〒553-0001　大阪市福島区海老江5-2-2
大拓ビル5-7階
TEL 06（6136）8657　https://fueisha.com/
発売元　株式会社 星雲社
（共同出版社・流通責任出版社）
〒112-0005　東京都文京区水道1-3-30
TEL 03（3868）3275
装幀　2DAY
印刷・製本　シナノ印刷株式会社

ISBN978-4-434-27280-6 C0036

この七箇日報恩講中においては、一人ものこらず信心未定のともがらは、心中をはばからず改悔懺悔の心をおこして、真実信心を獲得すべきものなり。

と示しています。『利井鮮妙語録』（国立国会図書館デジタルコレクション）に、

第一此の節は領解出言が甚だしく廃れてきた。此の領解文は真宗信者の魂である。此れ領解文と縁が切れたら真宗信者の命は消える。これほど大切な領解文であるから、我々は称名と同様に、朝な夕なに繰り返していただかねばならぬ。此の頃の同行は、私が高座へ上がって領解出言といっても、そしらぬ顔をしてすましている。こんな不作法はいかん。お茶にはお茶の礼儀がある、真宗の法義を聴聞するには、それ相応の行儀がある。

と、領解文を声にだして心中を確認する大切さを訴えています。浄土真宗の僧俗はこの誡めを肝に銘じて、日々念仏相続してゆかねばなりません。

領解文の唱和は山科本願寺が落成した頃からはじまったといわれています。しかし、実際にゆきわたったのは第十七代法如の署名（花押あり）の領解文に、第十八代文如の

跋語（花押あり）が加えられた「領解文」が、天明七年（一七八七）に門末に頒布されてからでした。この頒布によって領解文が全国の寺院にゆきわたりました。「領解文」を全国化したのは法如だといえます。文如の跋語を最後に紹介しておきます。

右領解出言の文は、信証院蓮如の定めおかせらるるところなり。真宗念仏行者、すでに一念帰命、信心発得せる領解の相状なり。このゆゑに古今一宗の道俗、時々仏祖前にしてこの安心を出言し、みづからの領解の謬りなきことを敬白するなり。しかるに、そのあひだ後生の一大事を軽忽し、みづからたしかに弥陀をたのみたる一念の領解もなく、またこの領解文をも記得せざる類あり。あるいは記得し出言しながら、心口各の道俗、この出言のごとく、一念帰命の本源をあやまらず如実相応して、すみやかに一大事の往生を遂ぐべきものなり。このゆゑにいまひめおきし蓮師の真蹟を模写し印刻して、家ごとに伝へ、戸ごとに授けて、永く浄土真宗の正意を得せしめんと思ふものなり。

追記

多くの寺院が法座の最後に唱和して一味の安心を共有してきた「領解文」が、二〇二三年一月十六日に新しくなりました。二〇二三年（令和五年）一月一日の本願寺新報に、「ご門主の消息・新しい領解文」が発布されたので、ここに全文を紹介しておきます。なお、「新しい領解文」の関連記事が「中外日報」二月一日、「文化時報」一月二十四日に報道されました。

新しい「領解文」（浄土真宗のみ教え）についての消息

本年三月には、「親鸞聖人御誕生八百五十年・立教開宗八百年慶讃法要」という記念すべきご勝縁をお迎えいたします。このたびの慶讃法要は、親鸞聖人の立教開宗のご恩に深く感謝し、同じお念仏の道を歩む者同士が、あらためて同信の喜びを分かち合うためのご法要です。また、これを機縁として、特に若い人やこれまで仏教や浄土真宗に親しみのなかった人など、一人でも多くの方々に浄土真宗とのご縁を結んでいただきたいと思います。

伝道教団を標榜する私たちにとって、真実信心を正しく、わかりやすく伝えることが大切であることは申すまでもありませんが、そのためには時代状況や人々の意識に応じた伝道方法を工夫し、伝わるものにしていかねければなりません。このような願いをこめ、令和三年・二〇二一年の立教開宗記念法要において、親鸞聖人の生き方に学び、次の世代の方々にご法義がわかりやすく伝わるよう、その肝要を「浄土真宗のみ教え」として示し、ともに唱和していただきたい旨を申し述べました。

浄土真宗では蓮如上人の時代から、自身のご法義の受けとめを表出するために『領解文』が用いられてきました。そこには「信心正因・称名報恩」などご法義の肝要が、当時の一般の人々にも理解できるよう簡潔に、また平易な言葉で記されており、領解出言の果たす役割は、今日でも小さくありません。

しかしながら、時代の推移とともに、『領解文』の理解における平易さという面が、徐々に希薄になってきたことも否めません。したがって、これから先、この『領解文』の精神を受け継ぎつつ、念仏者として領解すべきことを正しく、わかりやすい言葉で表現し、またこれを拝読、唱和することでご法義の肝要が正確に伝わるような、いわゆる現代版の「領解文」というべきものが必要になってきます。そこでこのたび、「浄土真宗のみ教え」に師徳への感謝の念を加え、ここに新しい「領解文」（浄土真宗のみ教え）として示します。

南無阿弥陀仏
「われにまかせよ　そのまま救う」の　弥陀のよび声
私の煩悩と仏のさとりは　本来一つゆえ
「そのまま救う」が　弥陀のよび声
ありがとう　といただいて　このままで
この愚身をまかす　このままで
救い取られる　自然の浄土
仏恩報謝の　お念仏

これもひとえに
宗祖親鸞聖人と
法灯を伝承された　歴代宗主の
尊いお導きに　よるものです
み教えを依りどころに生きる者　となり
少しずつ　執われの心を　離れます
生かされていることに　感謝して
むさぼり　いかりに　流されず
穏やかな顔と　優しい言葉
喜びも　悲しみも　分かち合い
日々に　精一杯　つとめます

この新しい「領解文」（浄土真宗のみ教え）を僧俗を問わず多くの方々に、さまざまな機会で拝読、唱和いただき、み教えの肝要が広く、また次の世代に確実に伝ここにたくさんの声が拡散していますが、ご門主の願いがどれだけ伝わっているのかと疑問がわきます。また、YouTubeに「新しい領解文を考える」（組織と教学の陥穽（かんせい））の動画もあります。

ともあれ、ご門主の願いを汲みとり全教団人の願いとして、この「新しい領解文」が普及して、歴史に根づくことを願っています。これによって阿弥陀如来の願いがすべての教団人の心に届いて、人々の生活の中にお念仏が生きる力とならんことを切望しています。また、「領解文」の唱和によって念仏生活を大切にする人がふえ、穏やかさと優しい言葉が生活に溢れている社会になってくることを願っています。

主要参照文献

玄智　『考信録』　国書刊行会
浄恵　『真宗故実伝来鈔』　国書刊行会
真宗史刊行会編　『大系真宗史料　伝記編一　親鸞伝』　法蔵館
赤松俊秀　『親鸞』　吉川弘文館
赤松俊秀　『親鸞伝の研究』　法蔵館
平松令三　『親鸞聖人絵伝』　本願寺出版社
平松令三　『親鸞』　吉川弘文館
平　雅行　『親鸞とその時代』　法蔵館
平　雅行　『歴史のなかに見る親鸞』　法蔵館
岡村喜史　『日本史のなかの親鸞聖人』　本願寺出版社
今井雅晴　『親鸞の伝承と史実』　法蔵館

今井雅晴　『親鸞聖人と箱根権現』　白照社出版
草野顕之　『親鸞伝の史実と伝承』　法蔵館
宮地廓慧　『親鸞伝の研究』　百華苑
宮崎圓遵　『親鸞伝記私記』　永田文昌堂
同朋大学仏教文化研究所編　『誰も書かなかった親鸞』　法蔵館
拙　著　『仏事と本願寺の話』　永田文昌堂
拙　著　『本願寺の故実』　永田文昌堂
拙　著　『「御絵伝」の絵解き』　永田文昌堂

著者紹介

鎌田宗雲（かまだ　そううん）

1949年岡山県に生まれる

浄土真宗本願寺派報恩寺住職

著書　『御文章解説』『御文章の豆知識』『蓮如上人』
『蓮如上人に学ぶ』『蓮如上人と御文章』『蓮如さま』
『末代無智の章』『あの御文章をもっと知るための本』
『阿弥陀仏と浄土の理解』『阿弥陀仏と浄土の証明』
『御伝鈔講讃』『親鸞の生涯と教え』『親鸞入門』
『親鸞の教え』『仏事と本願寺の話』『本願寺の故実』
『別冊太陽　親鸞』（共著）『真宗伝道の教材』
『みんなの法話』（共著）『命をよぶ声』
『月々のことば』（2003年、共著）
『月々のことば』（2012年、共著）
『幸せの鍵（かぎ）』『二度とない人生だから』
『七高僧と親鸞』『法味随想　一滴（ひとしずく）』『「御絵伝」の絵解き』など

住所　〒529-1213　滋賀県愛知郡愛荘町沖271

親鸞伝と本願寺俯瞰 ―東西本願寺のちがい―

令和5年（2023年）6月1日　第1刷発行

著　者　鎌田宗雲
発行者　永田　悟
印刷所　㈱図書印刷 同朋舎
製本所　㈱吉田三誠堂
発行所　創業慶長年間 永田文昌堂
京都市下京区花屋町通西洞院西入
電話　075（371）6651番
FAX　075（351）9031番

ISBN978-4-8162-6260-9　C1015